広報の仕掛け人たち

PRのプロフェッショナルはどう動いたか

公益社団法人
日本パブリックリレーションズ協会 編

はじめに

目覚ましい業績を上げている企業や、テレビやネットで注目の商品が生まれる現場には、パブリックリレーションズ（ＰＲ）のスペシャリスト、すなわち「広報の仕掛け人」がいるものです。一方で、日ごろはスポットライトを浴びることの少ない自治体や団体、ＢtoＢ企業などの現場にも広報の仕掛け人は存在します。多くの場合、注目されるのは商品や企業・団体であって、それを仕掛けた人に目を向けられることはほとんどありません。

本書は、広報・ＰＲの業務に携わる方、また関心のある学生の方などを対象に、実際の「広報の仕掛け人たち」の活躍を通じてその仕事についてより深く知っていただくことを目的としています。広報やＰＲと聞くと、記者発表会を開いたり、プレスリリースを配信したりする仕事を思い浮かべるかも知れませんが、読み進めるとそれらはＰＲの仕事のごく一部に過ぎないことが分かるはずです。ここに登場する仕掛け人たちは、ある時はアフリカの紛争地帯を取材したり、またある時はバナナの形状を徹底的に研究していたりします。イベントを成功に導くことも、市民に配られる手帳をつくることもＰＲの仕事の一部なのです。

パブリックリレーションズとは、企業や団体などがコミュニケーションによって社会やステークホルダーと良好な関係を結ぶことといわれます。本書で紹介している9つのプロジェクトも、その目的はブランドのプロモーションから地域活性化や防災、人道問題といった社会課題の解決にまで多岐にわたります。どのケースをとっても、登場するのはコミュニケーションの力で世の中を少しでも変えたい、良くしたいという熱い気持ちを持っている人ばかりです。また、それができるのがＰＲの仕事の醍醐味といえるでしょう。

事例の選定や編集にあたっては、日本パブリックリレーションズ協会と会員のＰＲ会社、広告会社からなるプロジェクトチームを結成して約1年かけて進めてきました。ぜひ本書を通じて、ＰＲの仕事のおもしろさ、奥深さを感じていただければ幸いです。さまざまなプロジェクトを紹介していますが、これらもまた、ＰＲがカバーする領域の一部に過ぎないことも事実です。皆様が実戦の場で、新たな成功事例をつくられることを心から願っています。

株式会社宣伝会議　「広報会議」編集部

広報の仕掛け人たち　PRのプロフェッショナルはどう動いたか

Contents

第9章

アフリカの人道危機を分かりやすくマンガの力で世界に発信

（注）登場人物の所属、肩書きは2015年の取材当時のものです。

Chapter – 1

強いパートナーシップで「スターバックス」ブランドをともに築く

スターバックス コーヒー ジャパン

Starbucks Coffee Japan

×

電通パブリックリレーションズ

Dentsu Public Relations

メディア露出は「量」より「戦略」

1996年8月、東京・銀座に初上陸を果たすやいなや、またたく間に日本全国に広まり、カフェブームを巻き起こしたスターバックス。サイレンのロゴがあしらわれた紙カップやタンブラーを持ち歩くことがファッションとして注目を集めた時代を経て、いまや「スタバ」という呼称は我々の生活のなかに当たり前のように浸透している。「コーヒー飲みに行こう」ではなく、「スタバへ行こう」という会話が一般的に交わされることからも分かるように、日本人のライフスタイルを一変させたといっても過言ではない。

なぜそのようなことができたのか。さまざまな要素があるだろうが、そのなかのひとつに強力な「スターバックスブランド」の存在があるといえるだろう。

世界で展開するチェーン店でありながら、「パートナー」と呼ばれるスタッフのクオリティの高いサービスや、随所に感じられるコーヒーの品質へのこだわりがあり、そして何よりも、スターバックスの世界観でつくられた空間で過ごすことが、上質な時間だということを利用者が感じているからこそ選ばれているのだろう。唯一無二のブランド力のなせる業であることは間違いない。実際、スターバックスコーヒー ジャパンの足立紀生広報部長[※1]もこう述べる。

※1
スターバックス コーヒー ジャパン マーケティング統括 広報部長

足立紀生

あだち・のりお
大手金融機関を経て、2003年スターバックス コーヒー ジャパン入社。IR責任者、フード部長などを経て09年から広報部長。企業広報、商品PR、コミュニティ活動、ローカルマーケティングなど、社外とのリアルなコミュニケーション接点を担当する。プライベートでは、子どもと過ごす時間が一番の楽しみ。

「たしかに、スターバックスはＰＲガイドラインに対する意識が強いというより、ブランドガイドラインへの意識が強いといえます。常に中期的な目線で一つひとつのコミュニケーションに何を求めるのか、戦略を明確化してからお客さまへ訴求していきます。そのなかで、ブランドの見え方をいつも大切にしています。『スターバックスらしさ』という多様な価値観や解釈がある言葉を、常に意識していますね」

その「らしさ」を象徴するのが「**数字をとりにいかない**」という哲学だ。一般的な企業は、広告をプロモーションの軸に据え、テレビや新聞という影響力の強いマスメディアでその名が多く露出することを好意的にとらえる。より多くの消費者や顧客にリーチすることができるし、ブランド周知にも貢献できるという考え方だ。しかし、スターバックスでは必ずしもそれが正解ではないと考える。

「ブランドフェーズやプログラムによっても考え方の違いはあるのでしょうが、現在は、リーチ数の多いテレビなどで露出されればいいということではなく、目的やターゲットに合った必要な露出をピンポイントで決め、その集合体を狙っているのが近いと思っています。当然「量」に対するＫＰＩ[※2]は持っていますが、基本的にスターバックスが目指しているブランドビルディングと露出量は同じ方向に向かっていない場合も多く、むしろ、「量」は大敵な場合すらあります。〝マス化〟につながる媒体訴求は慎重に、戦略的にアプローチすることが求められます」

※2 重要業績評価指標(Key Performance Indicator)。広報・ＰＲ活動の目標達成度合いを測定するために設定する指標のなかで、特に重要なものを指す。例えば発表件数や取材対応件数、パブリシティ掲載の広告換算値（27ページ・※8）などの定量指標、報道内容分析といった訂正指標などさまざまなものがある。何をＫＰＩに設定するかは、組織の特性や戦略によって異なる。

ブランドを理解しているパートナーと組みたい

現在、スターバックスは国内で1100店舗を超えている。これだけの規模となると通常、日本のメディアでは報じられる際に「大手外食チェーン」という枕詞がつく。唯一無二のブランド力によってファンを魅了してきたスターバックスとしては、このような「大手」「チェーン」というくくりでひとまとめにされるメリットは少なく、むしろデメリットのほうが大きいというわけだ。

ただ、だからといってイメージを守るだけでは、ブランド価値は高まっていかない。守るべきものは守りつつ、新しい取り組みにチャレンジしていくことこそが、ファンを飽きさせることなく、ブランドが生みだす世界観の鮮度を保つからだ。パートナーとなるPR会社にも、この理解が重要なポイントになるのだという。

「ブランドが大切にしているミッションをシャープに理解していただいていないと、プロジェクトチームの意思統一や提案内容の軌道修正にものすごく時間をロスしてしまう。過去にはそんなこともありました。結果として、私たちのブランドを理解していただいているエージェンシー1社と長くお付き合いをするという現在のスタイルになったのです」

それが電通パブリックリレーションズ（電通PR）だ。スターバックスはグローバルではエデルマンにPR業務のパートナーを統一しているが、日本のみ電通PRが２００６年から現在に至るまでリテナー契約[※3]を継続し、およそ10年にわたってスターバックスのブランドビルティングを含めたPR活動をおこなってきた。報道状況分析やメディア情報の提供といったリテナー業務のほか、セールスプロモーションにもかかわっている。コンペをおこなうこともあるので必ずしも電通PRがすべてを獲得するというわけではないが、それでもリテナーとしてのアドバンテージは大きいと足立部長もみている。

「スターバックスでは、新しいプロジェクトごとにブリーフ資料[※4]をつくり、コンセプチュアル（概念的）な部分を中心に、できるだけクリアなものを心掛けてお渡ししています。資料内容とブランドの理解度がベースになり新しい提案をいただくことになりますが、ベースワークのディレクションを間違えると、厳しい結果になります。先ほど申し上げたように成果を数字だけでは計れないので、量を追求したメディアミックスをすればいいというものでもなく、アクション単体でのパフォーマンスも重要になる。最終的に、プランがお客さまの態度変容にどうつながるのかを想定する仮説が必要で、理解が深いリテナーならではの強みというものはたしかにあると思います」

※3　PR会社に毎月定額のリテナーフィーを払って長期にわたるコンサルティングを受ける契約形態のこと。クライアントやその業界、競合企業について深い知識を持ち、クライアントのさまざまな経営課題に応えていくことが求められる。ほかの契約形態には、プロジェクトごとに交わされるスポットベースでの契約などがある。

※4　プロジェクトの方針や戦略、PR会社に依頼する内容などを記した資料。オリエンテーション（オリエン）資料ともいう。記者発表会などで発表内容を記した報道関係者向け資料を指すこともある。

リテナーだからこそ生まれるパートナーシップ

電通グループとスターバックスとの付き合いは長く、かつてスターバックスがサザビーリーグの関連会社だった時代、電通PRの親会社の電通がジャスダック上場の際におこなったイベントを手がけたこともある。その後、電通経由で電通PRを紹介。当時の担当者だった前田宗徳氏（現・ディレクション局部長）と前出・足立部長が活発に意見を交わしていくなかで、現在のようなリテナー契約に結びついたという。現在、ディレクション局に所属するスターバックス担当は4人体制で、案件によって他部門からテレビや新聞、雑誌のプロモーターや、リスクマネジメントのエキスパートが加わる。そんなスターバックスチームのなかで中枢を担うのが森佑奈氏[※5]だ。入社2年目から担当になり、前田氏とともにチームを牽引してきた森氏もこのように述べる。

「スターバックスのように強いブランドを持つ企業をPRするには、そのブランドを理解することが重要です。理屈だけではなく感覚的に分かるということもすごく大事。もちろん、クライアント自身にはとてもかないませんが、その次くらいに理解している存在でいなくてはならない。他社と比べると、それはやれているかなという自負はありますね」

※5
電通パブリックリレーションズ
第3ディレクション局
コンサルタント
森 佑奈
もり・ゆうな
2009年、電通パブリックリレーションズ入社。現在まで第3ディレクション局に所属し、担当クライアントのプランニング、ディレクションからアカウント管理までを担う。スターバックスの担当は2010年から。

たとえば、急ぎの調査やクリッピングの依頼で「30分以内に欲しい」というオーダーがあったとしても、迷うことなく迅速に対応ができる。ブランドや企業の方向性を理解しているからこそ、クライアントがどのような情報を欲しており、どのような形でまとめてもらいたいのかということが感覚として分かるからだ。

「ただ理解をしているだけではなく、それをどう形にしていくのかが大事だと思っています。プロモーションフェーズごとに露出状況を振り返る定例会議などで意見を交えることで、何を考えどのようにしていきたいのかを共有することができる。そこにメディアリレーションズ[※6]に強みを持つ私たちがヒアリングをおこなったり、専門チームと連携したりということで新たなご提案につながる。プロジェクトベースの仕事だと〝点〟になりがちなところを、リテナーという〝面〟でやらせてもらえているからこその強みを生かさないともったいない」

「スターバックスらしさ」と「新鮮さ」のさじ加減

森氏が入社したのは2009年。大学で専攻したのは経営学だったが、ゼミの教授がコーポレートコミュニケーションの専門ということで、PRに触れて興味を持

※6　マスコミ・報道機関との関係を密接にし、相互理解を進めるための活動全般を指す。具体的には、記者や編集者との日ごろからの人間関係構築から、記者会見、懇談会、プレスリリース、PR誌などさまざま。

った。事業会社の広報か、PR会社のいずれかで進路を迷ったが、「事業会社は配属によっては広報から離れることもある。PRをずっとやりたい」という強い思いに突き動かされ、電通PRの門を叩いた。その2年目、スターバックス担当になるよう声がかかった。学生時代から消費者として慣れ親しんだビッグクライアント。素直にうれしさを感じてプレッシャーはなかったというが、そこには当時の担当部長から告げられた「君に合うと思うよ」という言葉もある。

「よく言われることですが、PRの仕事は、同じ会社に頼んでも、そのなかの誰が担当するかでソリューションが異なることがあります。PRというサービスの特性上、それは仕方のない部分ですが、もうひとつ、そのクライアントと担当者の相性が合うかどうかも重要なポイントだと思っています。クライアントの『らしさ』が自分のなかにすっと入ってくるようであれば理解も速いし、意思の疎通もうまくいきます」

実際に、1年もすると「スターバックスらしさ」という感覚が身についたという。それを実感するのが、スターバックスではない外部の人とスターバックスについて打ち合わせをするときだ。たとえば、ファッション雑誌とのタイアップ企画で、スターバックスの世界観と異なる提案がなされた場合、その場で調整をおこなうことができる。ただ、一方の相手はメディアの編集部。口で言うほど容易なことではない。

スターバックス コーヒー 上野恩賜公園店

店内にも桜をイメージした装飾を施す

スターバックス店内が一面「桜色」に

毎年恒例の季節限定人気商品「SAKURA（桜）シリーズ」の発売に合わせて、東京の「スターバックス コーヒー 上野恩賜公園店」と、大阪の「スターバックス コーヒー 桜橋プラザビル店」が桜色に彩られた。SAKUARA シリーズでは初めて、メディア向け内覧会を開いた。

（東京は2015年2月16日～4月5日、大阪は2月26日～4月3日に実施）

「自分たちのクリエイティブにこだわりのあるメディアの場合、そこを考慮して進めていくのはすごく大変です。でも、その折衝をクライアントが直接やりとりすると、折り合いをつけるのは難しい。双方が良かったというものにするために私たちが間に入る。そういう意味ではこの仕事、ストレス耐性も必要かもしれませんね」

もちろん、メディアとの調整だけが仕事ではない。セールスプロモーションのコンペでクリエイティブなアイデアを提案するのも重要な仕事となる。そこで森氏が心がけているのは、「新鮮さ」だ。ここまで強くイメージが確立しているブランドで、それを熟知している場合、ややもすれば「スターバックスらしさ」にとらわれて保守的な考えに陥りがちなところだが、電通PRはあえてこれまでのスターバックスのイメージを守りつつ、**新しいスターバックスに出会えるような提案**をおこなってきた。基本的な世界観を大切にしつつ新しいチャレンジをおこなうという、まさしく「スターバックスらしさ」がどこにあるのかということを知っているからこそできる提案となるように心がけている。

新商品にスポットをあてない異例のプロモーション

その代表的なケースが、2012年9月9日から30日まで、東京・表参道のキャットストリート裏につくられた期間限定店舗[※7]「スターバックス エスプレッソ ジャーニー」だ。入場料（ドリンクつき）は一律500円。店内は書斎をイメージした空間が広がっており、ゆるやかな曲線の壁には1万冊以上の本がおさめられている棚を設置。本のカバーには、7種類の定番エスプレッソビバレッジと、この店舗限定の2種類のエスプレッソビバレッジにまつわる知識とストーリーを記した。来場者は、カバーに記された情報を堪能した後にその本をカウンターへ持っていくと、選んだ本のエスプレッソビバレッジがもらえる——という流れである。スターバックス初の期間限定店舗ということもさることながら、知的情報が付加された状態でドリンクを楽しむ、という斬新な空間づくりが注目されたプロモーションは、ふたつの点で大きなチャレンジだった、と足立部長は振り返る。

「ひとつは、私たちが常設店舗以外の場所でドリンクを提供したということです。数時間のイベントならありますが、高いクオリティを保った状態で3週間の開催、しかもお金もいただくというのは初めての試みでした。そしてもうひとつのチャレンジが、ブランドのリフレッシュにフォーカスしたプログラムで、新商品にスポッ

※7　空き店舗などのスペースに期間限定で出店するPR手法で、「ポップアップストア」とも呼ばれる。プレス向けイベントなどをおこなうケースも多い。

トをあてないプロモーションということです」

スターバックスは年に何度か新商品を発売し、それを軸にして季節ごとにセールスプロモーションを展開して話題づくりと店頭への誘引を図っている。この時も、通常であれば新商品にフォーカスしたプロモーションがおこなわれるのだが、それをあえて外して「期間限定店舗」に集中させた。しかも、長きにわたってファンに愛されているラテやカプチーノというベーシックなエスプレッソビバレッジにフォーカスしたというのは、かなり異例ともいえる取り組みだ。もちろん、リスクがないわけではない。このプロモーションが話題になりすぎれば、通常の店舗で販売する新商品をかき消してしまう恐れもある。しかも、「エスプレッソ ジャーニー」は常設店舗のすぐ隣に位置していた。にもかかわらず、このような「チャレンジ」に踏み切ったのは当時、スターバックスが抱えていた「課題」の存在があるという。

「このようなプロモーションをおこなった背景には、スターバックスの定番商品であるラテなどのエスプレッソを使ったビバレッジが少しずつ押されてきていると いう現状がありました。私たちのようにラテを扱うお店も増えてきているし、品質にこだわるお店も増えてきたので当然といえば当然ですが、私たちもスターバックスの〝軸〟をしっかりと持ち続けなくてはいけません。こうしたある種の危機感と、**原点に立ち戻ろう**という思いがあって、定番商品のエスプレッソビバレッジの品質や、そこにこめる思いをお客さまに改めて認識していただこうと考えたのです」

背中を押したのは、9月発売の新商品の強さもあった。店頭に出す前の試飲で確かな手応えを感じ、「この新商品ならばプロモーションを外しても十分に勝負ができる」という確信が、足立部長を定番商品のプロモーションという新たなチャレンジに踏み切らせたベースにあった。

思わず誰かにシェアしたくなる仕掛けを随所に

定番商品のプロモートに対して、電通PRが「期間限定店舗ではない」最初の提案をおこなってから2カ月ほど議論が重ねられた。スターバックスのエスプレッソビバレッジを知識と体験で理解してもらうにはどうすればいいか。店舗への誘引はもちろん、ネットやSNSにも拡散して広く情報を届ける、つまりマーケティング用語でいうところの「**バズる**」にはどうすればいいのか。それを新鮮な「スターバックスらしい」方法で提供するにはどうしたらいいか。このようなやりとりを経て、最終的に「期間限定店舗をつくる」という案に固まったのだ。森氏が経緯を振り返る。

「まず、エスプレッソビバレッジに関する知識を、商品を飲みながら得られる場所をつくらないかということで、前田が期間限定店舗をつくるというアイデアを出しました。それを受け、私がどこと組めばスターバックスの世界観を守りつつ進化させられる空間がつくれるのかを考えて、ｎｅｎｄｏ（ネンド）に行き当たったのです」

東京とミラノに拠点を持つデザインオフィスｎｅｎｄｏの代表をつとめる佐藤オオキ氏は、ニューヨーク近代美術館などの世界の主要美術館に作品が収蔵されているほど国際的な成功をおさめている気鋭のクリエイターで、森氏はかねてから仕事をしてみたかったという。建築、インテリア、プロダクト、グラフィックと幅広い活動をおこなっている佐藤氏ならば、知識と体験を同時に提供する空間がつくれるはずだ。アプローチに快諾してくれた佐藤氏がプロジェクトに加わったことで、加速度的に店舗の姿が定まっていく。

「知識といえば、やはり分かりやすいのは本だということで、まっさらな白い本を用意し、そこにエスプレッソビバレッジにまつわるストーリーをちりばめたブックカバーをかける。それを読んで、いま飲みたい、あるいは好きなビバレッジを選んでその味を楽しむ。さらに、その場だけの体験にとどまらないよう、ブックカバーはお持ち帰りいただき、切り抜くとタンブラーの台紙にもなるようにするなど、

初のポップアップストア「Starbucks Espresso Journey」

定番商品のエスプレッソビバレッジを対象にしたプロモーション。書斎をイメージした空間で、9種類のドリンクに合わせた9色の本のなかから選んでカウンターに持っていくと、ドリンクと交換してもらえる。空間プロデュースは佐藤オオキ氏（nendo代表）。電通PRがディレクションや運営を担当した。
（2012年9月9日～30日、東京都渋谷区神宮前で実施）

佐藤さんのアイデアはスターバックスの新しい見せ方ができるワクワクするものでした」

そして、もうひとつ森氏ら電通PRが心がけたのは、「店舗や空間の写真が撮られて拡散されるようにする」ということだ。たとえば、2階にはエスプレッソマシンを設置し、スターバックスの象徴でもある緑のエプロンを着けてバリスタ体験ができるようにしたのだ。「思わず誰かにシェアしたくなる」という仕掛けを盛り込んだのである。

こうしてでき上がった「エスプレッソ ジャーニー」は森氏らの狙いどおり、SNS上でも大きな話題となり、オープンに関する情報は1万件を超える「いいね！」がつき、その後の関連イベント情報でも常に3000～5000程度の「いいね！」がつくようになった。期間中は当初の目標の1万6000人を大きく上回る2万人以上が訪れ、大盛況のうちに幕を閉じたのだが、その後の売上にも大きく貢献したと、足立部長は言う。

「プロモーションの『山』がどこまで長続きするかは時によって違いますが、この時は想像以上に長くもったという印象です。9月のイベントでしたが、下半期もエスプレッソビバレッジのカテゴリーはずっと好調でしたね。定番商品というのは、鋭角で跳ね上がるのではなくじんわりと長く売れなくてはいけません。それを促すような**深いコミュニケーション**をいかにおこなうかということが課題でしたが、それを解決したひとつの方法として評価しています」

想定よりもお客さまの興味が上だった

足立部長はこうも話す。

「このような数字を牽引したのは、プロモーションの副産物で、社内に気づきを与えられたことも大きいのではないでしょうか」

実は「エスプレッソ ジャーニー」では、多くのスターバックスファンが訪れた以外にも、全国から数百人規模でパートナーがこの期間限定店舗を体験しに来ていたのだ。普段はいつもの店舗で接客しているパートナーが、利用者としてエスプレッソビバレッジのよさを吸収すると同時に、いつもと違う立場でスターバックスファンとコミュニケーションをとったことで、あらためて「お客さまはスターバックスのこういうところが好きなのだ」という気づきとなり、現場のモチベーションアップや、**接客スキルの向上に結びついた**のではないかというのだ。

そのような「気づき」は足立部長自身にももたらされたという。

「個人的には、お客さまとの感覚のギャップを感じられたということが大きい。立場的にも年齢的にも私はスターバックスのコアターゲットではないので、このプロモーションでもスターバックスのお客さまにリーチするのか、常に自問自答してきました。いまだから言いますが、当時はもうちょっとコンテンツがないとなかなか厳しいのではないかなと思っていたのです」

人通りのある大通りならまだしも、少し奥まった路地に、わざわざ既存商品のエスプレッソビバレッジをメインコンテンツにした提案が響くのかという不安があったというのだ。もちろん、そのためにチームで検討を重ねてきていたが、「今日はわざわざあそこへ行こう」と言われるものになりえるのかと。しかし、実際に「エスプレッソ ジャーニー」を訪れるとそれが杞憂であることがわかったという。

「空間を楽しんで帰られるお客さまの顔を見て、本当に満足していただいているのが分かりました。私が想定していたよりもお客さまの興味が上で、また、改めてパートナーとお客さまがつくりだす空間に感服もしました。そういう意味でも、これはスターバックスのある種のマイルストーンとして残るような画期的な取り組みだったと思います。マーケティング戦略としても、新商品以外を軸にしてもこれだけ成功できるんだ、というい学びになりましたね。**〝軸〟を変えるというのは怖い**ことじゃないですか。それがすごくうまくできたという事例ですね」

スターバックスが自治体と初の共同プロジェクト

エコなライフスタイルを世界に発信する京都市との共同プロジェクト「KYOTO ×STARBUCKS『YES, WE DO KYOTO！』プロジェクト」。地球温暖化防止に向けた「京都議定書」策定をきっかけに京都市がおこなう環境啓発活動の一環で、市民からメンバーを募って2016年1月から3月にかけてワークショップを行う。スターバックス コーヒー ジャパンが自治体と共同プロジェクトをおこなうのは初めて。電通PRもプロジェクトの運営をサポートしている。

(2015年11月～2016年3月にかけて実施)

その怖さを、信頼関係でともに乗り越えるのが、ＰＲ会社の務めなのかもしれない。森氏がスターバックスチームとしてというよりも、ＰＲ会社の矜持として信じていることも同様だからだ。

「ブランドの価値を壊さないで進化させていくということは、内部にいる方だけではなかなか難しい。それをお手伝いすることが我々の存在価値だと思っています」

定期のレビューと不定期の勉強会で「鮮度」を保つ

両社の間に、リテナーのコミュニケーションを通じて一朝一夕では築くことができない信頼関係があるのは明白だが、ここでひとつの疑問が浮かぶ。これだけ相互理解が深まったパートナー同士になり、こうしていくつかのマイルストーンをともに越えていくなかで、常に新鮮なアイデアを出していくとはいえ、やはり同じＰＲ会社であり同じメンバーである。どのようにして関係性の「鮮度」を保っているのか。足立部長がその秘訣を明かす。

「半期に一回、レポートを用いて一緒に**活動の振り返り**をしています。当初掲げ

新宿駅に隣接する「スターバックス コーヒー 新宿サザンテラス店」

「White Winter」をイメージした店内

冬季限定商品に合わせ“真っ白なスターバックス”が登場

新登場の「チョコラティ クランブル ココ」など冬季限定商品の発売に合わせ、東京・新宿の「スターバックス コーヒー 新宿サザンテラス店」の店内全体を、白銀の世界をイメージした装飾にリニューアル。新作ドリンクを他店より4日早く販売して話題をさらった。

（2015年12月22日～2016年1月12日）

た目標に対してどれだけアチーブ（達成）しているかということを、数字や傾向に基づいてまとまった形で振り返ります。時代の変化は激しいので、過去の資産に頼りすぎていないか、常に新鮮なアプローチができているか、互いの意識を合わせるのに非常に有効です」

このレポートは、スターバックスでは「PRエージェンシーレビュー」[※8]と呼ばれる。PR会社のKPIの指標となるものには、露出に応じた広告換算などが有名だが、前出したようにスターバックスでは、必ずしも数字がとれればいいというものではなく、販売への貢献なども重視される。その独自指標のレビューを足立部長と前田部長がともに振り返り、反省点や改善点を浮かび上がらせるのだ。そう聞くと、電通PR側にとっては、「通信簿」のように毎回の結果を一喜一憂するようなものだと思うかもしれないが、必ずしもそんなことはないようだ。森氏が言う。

「ブランド理解や企画力などの指標もあり、前回は高い評価だったのに今回は落ちるということもあるので、たしかに厳しい側面もありますが、うちとしては非常にありがたいことだと思っています。リテナーの関係性では、付き合いが長くなればなるほど馴れ合いになる恐れもありますが、レビューによっていまのスターバックスが何を求めているのかということが明確になる。パートナーとしても振り返るいい機会になります」

※8　テレビや新聞、雑誌、ネットニュースなどに記事として紹介された際の実績を、同スペースに広告として掲出した際の金額に換算する考え方。広報・PR活動を評価するKPIのひとつ。

実際にレビューによって思わぬ課題が浮かび上がることがある。電通PR側から企画力のある提案は多かったが、どれもなかなか予算がはまらない。それを部長同士がレビューをしたことで、ブランドの方向性という点では互いに同じベクトルなのだが、その方法論については若干の温度差があることが分かったのである。この意識の差を埋めるには、コミュニケーションをいま以上に活性化させていくべきだ。こうして1年ほど前から、定例会とは別に**不定期に勉強会を開く**こととなった。テーマは自由。日常業務に直接関係はない業界動向やメディアの新しい動きなど、両社のアンテナに引っかかった興味のあるテーマが毎回設定されるという。担当になって6年という森氏も、この新たな勉強会でスターバックスというブランドへの理解がさらに深くなったという。

「会議ではなくもっとフランクで自由なコミュニケーションですね。コーヒーとそれに合いそうなお菓子を片手に、気になる世の中の動きなどについて意見交換します。新商品の試飲をいただき、その感想から新しい仕事へ発展していくこともあります」

スターバックスという唯一無二のブランドを守りつつ、進化をさせていくという目的のもとで構築された信頼関係は、10年という長い時間を経過して馴れ合いになるどころか、さらに濃密さを増しているようだ。それはたとえるのなら、歳月を重ねるほどに新たな味が生み出されるワインのようなものなのかもしれない。

両社が手を携えて成し得た革新的なプロモーション「スターバックス エスプレッソ ジャーニー」について、米国本社のハワード・シュルツＣＥＯは次のようにコメントした。

Keep challenging the status quo and break the traditional rules of real estate and retailing. The positioning of the store shines a light on our brand, adds to our leadership position in the marketplace.

（現状に対し挑戦を続け、小売業の伝統的なルールを打ち破った。この店舗は私たちのブランドを光り輝かせ、市場におけるリーダーの地位を確固たるものにすることに成功した）

伝統的なルールへの挑戦を繰り返すことで、ブランドに磨きをかけ続けているスターバックス。その背景には、信頼に裏打ちされたパートナーシップがあると言えそうだ。

Chapter – 2

バナナで世界にひとつの「トロフィー」を東京マラソン2014で提供

ドール

Dole

×

電通ヤング・アンド・ルビカム

Dentsu Young & Rubicam

×

プラチナム（ベクトルグループ）

Platinum, Vector group

飾っておくことができないトロフィー

２０１６年２月開催の大会で10回目を迎える東京マラソン。３万７０００人のランナーが首都の真ん中を駆け抜けるというスケールの大きさからワールドマラソンメジャーズ[※1]のひとつに数えられ、いまや東京のみならず日本を代表するビッグイベントに位置づけられている。

それを示すのが「抽選倍率」だ。日本全国にとどまらず海外からも参加希望者があり、２０１６年大会は30万人以上が応募し過去最高という11・３倍（一般募集）という狭き門となった。その人気の理由は、大会規模やコースの魅力もさることながら、東京マラソン特有の「一体感」にあるともいわれている。

参加資格を得ただけでも家族や友人から祝福が寄せられ、当日は３万７０００人の仲間とともに励まし合いながらゴールを目指すことで、かなりの一体感を経験するに違いない。さらには1万人以上のボランティアや４０００人以上の警備関係者に支えられ、沿道に集まった２００万人以上の声援を浴びる。まさしく大会を中継するテレビ番組のキャッチフレーズにあるように「東京がひとつになる日。」を五感で体験できるこの大会というのは、アマチュアランナーにとって、自分のまわりにいるすべての人々との「つながり」を確認できる最高の舞台なのだ。

※1 世界の主要マラソン大会の順位をポイント制にして、1シーズンの総合順位を決める競技、またその制度。対象レースは、ボストン、ロンドン、ベルリン、シカゴ、ニューヨークシティー、東京の6つのマラソン大会と、オリンピック、世界陸上選手権。制度は2006年に始まり、東京マラソンは13年大会から加入している。

そんな東京マラソンの「一体感」を体現するようなあるユニークなキャンペーンが、2年前に大きな話題を呼んだことがある。

バナナトロフィー。ドールの最高品質バナナ「極撰《ごくせん》」の艶やかに輝く皮に、ランナーの名前とフィニッシュタイム、友達の祝福コメントが印字されるというもので、事前に応募し選ばれた200人のなかで完走を果たしたランナーにのみ手渡されるというキャンペーンだ。「東京マラソン2014」(2014年2月23日開催)で、大会に協賛するドールが実施した。食べるためにはむいて捨てるしかないバナナの皮に、一生の思い出となるフィニッシュタイムや大切な人からのコメントを印字するという前代未聞の取り組みは、**「世界にひとつだけのバナナ」**として注目を集めたが、なかでも特筆すべきは、バナナトロフィーの話題が驚くほどの広がりをみせたという点だ。

一生の思い出となる東京マラソンのトロフィーということで記念に飾っておきたいが、バナナなので食べないと数日で皮が黒ずんでしまう。そんな「儚さ」や「稀少性」もあって、手渡されたランナーはこぞってバナナトロフィーの写真を撮影し、SNSへアップ。それを目にした友人知人だけではなく、東京マラソンにかかわる人々や関心のある人々に拡散するという流れが生みだされたことで、「バナナトロフィー」という話題がフェイスブックを中心になんと72万人へのリーチを獲得したのである。さらに、この広がりはメディアにも及び、「めざましテレビ」など情報番組をはじめ新聞やウェブメディアなどで幅広く露出することに成功し、ＳＮＳの拡散や掲載メディアの読者・視聴者数を足し合わせると、情報は延べ２８００万人にも届いたという。

スポーツ時の栄養補給食としてのバナナの優位性

たしかに、人々の耳目を集めるようなユニークな取り組みだが、言ってしまえばわずか２００人に向けられた施策に過ぎない。それがここまでのレバレッジが効いた波及効果を生んだのはなぜなのか。そこにはいったいどういうＰＲの「仕掛け」があるのか。それらを読み解いていく前に、そもそもバナナをトロフィーにしようというようなアイデアが生まれる背景を知らなくてはいけない。バナナを提供しているドールの大滝尋美氏※2はこのように語る。

「バナナの糖質がスポーツする人の持続性や即効性に最適だということが実証されていることもあって、ドールではかねてより学生アスリート、市民マラソン、プロスポーツチームなどにバナナを提供しています。東京マラソンでも２００８年の

※2
ドール
マーケティング部
シニアマネージャー
大滝尋美
おおたき・ひろみ
1994年ドール入社。一貫してマーケティング部に所属し、全社広報業務、ブランド管理、新商品・新規チャネル開発、国産果実のアジア輸出マーケティングなど幅広い業務を担当する。前職も含め広報歴は25年。週末は乗馬を楽しむ。

"世界にひとつだけのバナナ" バナナトロフィーを配布

ランナーの氏名とマラソンのフィニッシュタイム（速報値）、フェイスブック上の友達の応援・祝福コメントを「極撰バナナ」の皮に印字。抽選による200人を対象に、完走者にその場でプレゼントした。

第2回大会から協賛企業として参加し、給食ポイントでバナナを無償配布していま す。これらの取り組みとして、スポーツ競技におけるバナナの存在を分かっていた だくということが大きな目的としてありますね」

さかのぼれば、1984年のロサンゼルスオリンピックでアメリカ代表のメダル ラッシュとなったのは、選手村で120万トンものバナナが無償配布されたからだ という「伝説」から始まったのだが、アスリートの世界では、**バナナといえば栄養補給源というのが常識**となっている。しかし、それはあくまでスポーツの世界に限定されたもので、一般にはそこまで浸透していない。

「そこで東京マラソンという大きなイベントを通じて、バナナの力を知っていただく。そのような周知に加えて、ここにはドールとしてのマーケティング上の目指すべきゴールというものも関係しています。それは日本におけるフルーツの消費拡大とブランド強化です」(大滝氏)

実は日本人のフルーツの消費量というのは、調査した174カ国中、129位に過ぎない。先進各国と比較してもきわめて低い。世界中のさまざまなフルーツが市場に流通しているにもかかわらず摂取量が少ないのである。なかでも20~30代という若い人の消費量が少なく、ドールとしては栄養食品としてのフルーツを広く消費啓発していきたいという狙いがあるのだ。

もちろん、国内バナナ市場に対するマーケティング上の戦略もある。輸入果実で最も入荷量が多い日本のバナナ市場だが、やはり極端に寒い時や暑い時、すなわち2月や8月は需要が落ちてしまう。そのような市況のなかで、毎年2月に開催される東京マラソンというのは、バナナの需要喚起という意味でも、売り場への影響という意味でも、非常に大きな意味を持つイベントなのだ。

うれしくて人に自慢したくなる「勲章」とは

このようなドールの戦略をふまえて「バナナトロフィー」は生まれたというわけだが、ではなぜバナナにフィニッシュタイムを印字しようとなったのか。この企画と実施を担当したのがドールのマーケティング戦略のパートナーである広告会社、電通ヤング・アンド・ルビカム（電通Y&R）である。ドール社内でPR、マーケティングコミュニケーションを担当しているのは大滝氏ただひとり。そこで外部パートナーとして、電通Y&Rがドール製品のマーケティングやプロモーションに長く携わっている。同社で今回の「バナナトロフィー」の企画から実施までを担当したコミュニケーションデザイン局コミュニケーション・プランナーの布施優樹氏[※3]が

※3 電通ヤング・アンド・ルビカム コミュニケーション・デザイン局コミュニケーション・プランナー

布施優樹

ふせ・ゆうき

デジタルメディアレップを経て、2006電通ヤング・アンド・ルビカム入社。インタラクティブ・コミュニケーション部、戦略PR部を経て現職。マス、デジタル、PRなど各領域の垣根を越えたコミュニケーションプランを提案し、制作から実施までワンストップで携わる。

「発想」の原点を明かす。

「もともとは、フルマラソンを完走した方たちのエモーショナルな側面に訴えることができる、何かスペシャルな勲章を提供できないかというところから始まっています。東京マラソンは抽選に当選するだけでも高いハードルがあるので、ランナーにはSNS上で応援が殺到します。そういうコメントも入れられるもので、もらったうれしくて人に自慢をしたくなるようなもの。そう考えた時、食品に印字できる可食性インク[4]を使って、応援コメントやフィニッシュタイムを『極撰』に印字したらどうだろうとひらめいたのです」

高級バナナ「極撰」はスーパー、百貨店などで1袋400円前後で売られる高級バナナである。そこへフィニッシュタイムと応援メッセージを印字して、「世界にひとつだけのバナナ」をつくる。東京マラソンという最高峰の舞台で、狭き門を突破しフルマラソン完走の栄誉に輝く者に与えられるトロフィーとしては、申し分ない「贅沢さ」ではないか——。このアイデアにドールの大滝氏も賛同し、プロジェクトは実現へ向けて動きだしたのである。

まず、バナナの皮への印字だが、特殊プリンター事業に特化した会社「ニューマインド」(東京都中央区)に協力を依頼。プリンターを提供してもらうこととなった。

印字するレイアウトについては、電通のクリエイターの協力も得て、「ドールの高

※4　食品衛生法の基準に沿った食品添加物を原料にして製造されたインク。専用の食品用インクジェットプリンターを使って、クッキーやせんべい、まんじゅうなどの食品に対して直接印刷することができる。

品質なバナナ体験」にふさわしい洗練されたデザインを組んでもらった。こうして何もかもが順調に進んでいくかと思われるなかで、ほどなくひとつの大きな問題が立ちはだかる。

バナナの形状に合わせてうまく印字できるのか?

「ランナーにとっての一生の思い出を演出し、エモーショナルなドールバナナ体験にまで昇華させていくためには、バナナトロフィーのクオリティにはとことんこだわる必要がありました。そのためバナナの形状には非常に苦しめられました」

当たり前の話だが、バナナの形はそれぞれ違う。しかも、曲がり方は一様ではない。実はこれはバナナトロフィーをつくる上で大きな障害となっていた。ただでさえ、平らな面ではなく起伏のあるバナナの皮にインクをのせなくてはいけないところへ、個々の形状の違いという要素も加われば当然、印字の出来不出来にバラつきが生まれてしまう。バナナの曲線に沿ってきれいにプリントできるものもあれば、そうでないものもあるのだ。クオリティのばらつき。通常のバナナならばたいして問題ではないのかもしれないが、これがドールのバナナを用いる以上、決して許されることではない。

しかし、ドールのバナナの多くは包装されている。これは品質維持のためという目的もさることながら、「ブランド」としての価値を下げないという精神の表れでもある。消費者がドールのバナナを選ぶのは、高くてもそれに見合う品質と味があると感じているからだ。そんなブランディングをおこなっているドールの名を冠するバナナトロフィーでは、**中途半端な質のものを提供することは決して許されない**。大滝氏も言う。

「ドールのバナナは、日本のマーケットに合わせてさまざまな味を生みだしています。バナナは種類により低地から高地までそれぞれ栽培されるのですが、その栽培地によって味も食感も違います。バナナには、ここまでやるかというくらいこだわっています。店頭ではドールのバナナ数種類を食べ比べて意見をいただくようなイベントも開催しています。このようなバナナの幅の広さ、味の深さを東京マラソンでもタッチポイントにしていくには、質的なものを訴えていくことが非常に大事だと考えました」

もちろん、それは布施氏もよく理解をしている。印字の質を均一にできなくては、バナナ普及どころか、ドールのブランドイメージを毀損してしまう恐れもある。焦りとともに時間だけが経過していくなかで、布施氏たちはある事実に気づいたという。

印字の質を均一にするためバナナを徹底研究

バナナの曲線に沿ってきれいにプリントするため、大きさや形などを徹底的に研究し、プリントのシミュレーションを重ねた。その結果、バナナの形状は大きく3つのパターンに分類できることが分かったという。

「何か解決策はないかと、とにかくバナナを徹底的に研究していたのですが、大きさや形などを計測し、何十本もプリントのシミュレーションを重ねていくうちに、バナナの形状にある一定の法則が見えてきたんです」

実はバナナは大きく選別するとだいたい3つのタイプがあったのだ。この発見は大きかった。その3種類にサイズなどの要素を加えた複数のパターンを抽出、それに合わせてプリントを微調整することで、印字の品質を均一にすることができたのである。

「フィニッシュ後15分以内にお渡し」が絶対条件

こうして大きな難問を乗り越えた布施氏たちだったが、ほどなくしてまた新たな壁に行く手をふさがれる。それは、フィニッシュをしたランナーにバナナトロフィーを渡すまでの「時間」である。

東京マラソンではランナーのシューズに500円玉大のICチップを取りつけてタイムを管理しているので、現在位置やフィニッシュタイムを運営事務局がリアルタイムに把握できる。そのシステムを利用すれば、布施氏たちバナナトロフィー事務局もフィニッシュタイムをリアルタイムで知ることができる。それを応募者と照合してフェイスブックページから応援コメントを抜きだす。それからレイアウトを組み、プリントすれば、理論上はフィニッシュ直後にバナナトロフィーを手渡すことはできる。ただ、問題はどれだけ多くのランナーに渡せるかということだ。

「プリントはできても、そこからさらにインクを乾かす必要があります。ドライヤーで乾かすとバナナの皮が黒くなり品質劣化につながってしまうのでほかの方法を使うのですが、そのような細かいシミュレーションを重ねた結果、事務局の人員的にも**200人に提供するのが限界**だということが分かりました」

限定200人のキャンペーンということで付加価値をつけたように思われがちだが、実は200人が限界だったのである。そんな限界ギリギリのオペレーションがゆえ、ドール大滝氏からある懸念事項が指摘されていた。フィニッシュタイムが集中した場合、同じようなタイムで複数のランナーがゴールに飛び込んでくるので、バナナトロフィーの制作作業が滞り、手渡すまでに思わぬ時間がかかってしまうのではないか。

ドールと電通Y&Rが、フィニッシュからバナナトロフィーを渡すまでの目標時間として設定したのは「15分」。フィニッシュしたランナーがひと休みして、応援してくれた友人や仲間たちと語り合いながらバナナトロフィーを手渡すブースにやってきたら、そこにはもう「世界にひとつだけのバナナトロフィー」ができている。このような流れでなくては、フィニッシュをした達成感のなかでバナナトロフィーを手にし、記念撮影をするなど喜びを分かち合うことができない。ドールのバナナ体験という点でも、時間が経過すればするほど感動が薄れてしまう。「15分」はギリギリだった。そこでドールの大滝氏は、ある厳しい目標を布施氏ら事務局スタッフに提示した。

「フィニッシュから15分以内にお渡しできないようであれば、残念ながらやるわけにはいかない。そう申し上げたのです。どんなに素晴らしいバナナトロフィーを提供しても、参加者のみなさんをお待たせするわけにはいきません。フルマラソンを走ってきて疲れきっていますし、みなさんさまざまなご都合がある。なので、どんなにランナーがゴールに集中する時間帯でも15分以内に提供する。そこだけは絶対に譲れないところでした」

前夜のトラブル、そして当日

そこから布施氏をはじめとする運営スタッフの試練の日々が続いた。タイムを確認する者、照合する者、コメントを抜きだす者、それらの担当者がワンストップで流れるようにバナナトロフィーをつくりだす。ランナーが集中しても対処できるように、プリンターのサブ機も2台用意した。あらゆる事態を想定したオペレーションづくりがおこなわれた。

そんな血のにじむような努力のかいもあって、大滝氏を前にした最終シミュレーションで見事に「15分以内での提供」を達成した。こうして実施の目処がついたのは、本番のわずか2週間前のことだった。しかし、困難はまだ続く。なんと東京マラソン前日にさまざまなトラブルが発生してしまったのだ。

「ブースに用意していたパソコンが急に動かなくなってしまったり、ネットにつながらなくなってしまったりして夜中にドン・キホーテにスタッフを走らせたり、結局、徹夜で準備をして間に合いました」

そんなドタバタなどまるでなかったかのように、本番のオペレーションは完璧だった。15分の壁をクリアしたのは当然として、バナナトロフィーの完成度も非常に高いクオリティだった、と布施氏は振り返る。現場で見守った大滝氏も大きな手応えを感じたという。

「非常に難しい条件でしたがみなさんのオペレーションは完璧でした。バナナトロフィー自体の完成度の高さにも大変満足しています。バックパネルを用意したのですが、多くのランナーのみなさんがフィニッシュの感動冷めやらぬ感じでその場でトロフィーと記念撮影をしてくれました」

もちろん、その場だけではない。自宅へと持ち帰ってから記念撮影し投稿する人も多く、さらに「もったいないけど、食べちゃいます」と翌日、翌々日も記念写真はさまざまな形で拡散、バナナトロフィーを手にした200人弱のランナーたちがいわば「インフルエンサー」となり、多様な情報拡散をおこなったことが、72万リーチにつながったのである。

メジャーなもののPRはやりにくい

このような大きな成功をおさめたバナナトロフィーだが、実は布施氏たちがさまざまな困難に直面をしていた時を同じくして、もうひとつの問題に対処をしていた人たちがいる。それはほかでもない、メディアに取材をしてもらうように働きかけるPRスタッフだ。東京マラソンを取材するメディアに、「世界にひとつしかないバナナトロフィー」という企画のおもしろさ、斬新さを伝えて露出と話題の拡散をはかる。これだけユニークな施策なのだから、黙っていても取り上げてくれるのではないかと思うかもしれないが、こちらにも布施氏たち事務局同様に大きなハードルが立ちはだかっていたのだ。PR担当をしたプラチナム（ベクトルグループ）の吉柳さおり代表取締役※5が振り返る。

「PR戦略のプランニングを開始した時、施策のユニークさから成功することは確信していましたが、かなり難しいことだと感じたのも事実です。理由のひとつはドールが2008年から東京マラソンに協賛を続けている企業ということ。メディアの認識では、協賛をしているだけでも企業名が広く露出しているのに、さらに報道でもその協賛企業を紹介するということに強い抵抗感があるのです。そしてもうひとつは、『東京マラソン＝バナナ』というのがすでに市民権を得ていたことです」

ドールは2008年からバナナを無償配布しているが、ただ提供するだけではなくさまざまなユニークな取り組みをおこなっている。なかでも大きな話題となったのが、「聴育」だ。ワインの熟成期間にモーツァルトなどのクラシック曲を聴かせると、酵母菌に良い影響を与えておいしくなるということにインスピレーションをうけ、バナナにも同じことをおこなったのだ。ランナーに提供される「極撰」はフィリピンで1年以上手塩にかけて栽培され、青い未熟な状態で日本へ運び込まれるのだが、到着後、青いバナナを黄色く甘いバナナにするために1週間ほどの「追熟」という工程がある。その期間にランナーたちが最高のパフォーマンスを出せるよう

※5 プラチナム（ベクトルグループ）代表取締役
吉柳さおり

きりゅう・さおり
慶應義塾大学在学中の1996年からベクトル創業に参画し、卒業後に入社。2002年ベクトル取締役（現職）。04年にプラチナムを設立し代表取締役に就任。11年から慶應義塾大学非常勤講師。

な「応援歌」を聴かせようということになったのだ。

選ばれた曲は、ZARDの「負けないで」。事前調査の結果、「フルマラソンランナーがランニング時にもっとも聴きたい曲」ということで選ばれたのである。こうして「負けないで」を1週間毎日聴かせた7万8000本は「東京マラソン専用バナナ」と呼ばれ、東京マラソンの給食ポイントで配布されるだけではなく、2010年6月に渋谷駅近辺に設置されたドールのバナナ自動販売機でも販売され、大きな話題になったのである。この「東京マラソン専用バナナキャンペーン」の反響がいかに大きかったかというのは、2011年のカンヌライオンズ※6PR部門で銅賞を獲得したという実績が証明している。

「メディアの間でも、『聴育』のキャンペーンというのがまだ記憶に鮮明に残っている。なかには、東京マラソンでバナナはもういいよ、という厳しい声もいただきました。そういう先入観があるなかで、バナナトロフィーという新たな取り組みを訴求しなくてはいけない。これはある意味で私たちにとっても大きなチャレンジでした」

たしかに、誰もが知る**メジャーなもののPRほどやりにくいものはない**。知名度が高いということは驚きもない。すでにイメージも確立しているので新しいイメージを訴求しにくい。そしてなによりも誰もが知っているようなことをメディアはわ

※6 カンヌライオンズ国際クリエイティビティ・フェスティバル（CANNES LIONS International Festival of Creativity）。毎年6月にフランスのリゾート地カンヌで開かれる、世界最大規模の広告・クリエイティブの賞。日本からも毎年、多くの広告・PR関係者が参加する。

ざわざ取り上げないのである。「聴育キャンペーン」によって、「東京マラソン＝バナナ」という図式はすっかり定着した。しかし、その知名度の高さが、バナナキャンペーンのPRの大きな足かせになるという、なんとも皮肉な事態が生まれてしまったのだ。

トロフィーをめぐる「人間ドラマ」にテレビが関心

このハードルを越えるためには、吉柳氏らはまずは地道なネットの告知から始めた。バナナトロフィーキャンペーンの特設サイトがつくられ、ウェブ動画[※7]がアップされた。ニューマインド社のプリンターから多くのバナナが流されて、「バナナに名を残すのはあなただけ」というランナーへ強烈な呼びかけをおこなった「名を残せ篇」、同じように流れるバナナだが今度は「皮、はじめて人の役にたちます」という斬新なアイデアをアピールした「皮のひらめき篇」という2パターンの動画を訴求していくネットPRは、映像のおもしろさもあって1万超えの視聴数となった。さらに、東京マラソンの風物詩となった「聴育」の訴求にも努めた。この取り組みの肝はやはりバナナにどんな曲を聴かせるかである。そこで、「ランナーがも

※7　インターネットの通信環境整備やスマートフォンの普及、SNSとの連携などを背景に、近年プロモーションやPRのツールとしてウェブ動画の活用が急速に進んでいる。

っとも元気が出る曲」というネット調査を20~50代の男女1000人を対象におこなった。さらに、多くの票を獲得した曲ではなく、「世界にひとつだけのバナナ」にかけて「1票だけ入った楽曲」のなかから選ぶという意外性のある手法で、ももいろクローバー(当時)の「行くぜっ!怪盗少女」に決定した、というニュースリリースを配信して「話題づくり」を目指したのである。

このようなPR施策はある程度の効果はあった。しかし、これらだけでは冒頭で紹介したようなテレビや新聞を含めたメディア露出は獲得できていない。いかにして吉柳氏らは「バナナはもういいや」という先入観のなかで大きな露出を勝ち取ったのか。そこには、PRのプロならではという緻密な戦略があった。

「当初から、当日のオペレーションはかなり難しいという話は聞いていました。表では、ICチップや可食性インクで印字をするというスーパーテクノロジーを駆使しているような印象ですが、裏では布施さんたちをはじめ事務局スタッフが汗をかいて、人海戦術というきわめてアナログな方法でランナーに手渡そうとしている。そういう表と舞台裏のギャップがあるので、**『テクノロジー×ホスピタリティ』というコンセプトを訴えた**のです。これに興味を持ってくれたのがテレビでした」

単に「バナナを用いたユニークな取り組み」ということで売り込みをすれば、これまでの「聴育」と比べてもさほど新鮮味はない。しかし、バナナに印字をするために悪戦苦闘をしている人々にフォーカスすれば、バックステージのドラマがある。もちろん、トロフィーを受け取るランナー側にもさまざまなドラマがあることはいうまでもない。つまり、協賛企業のユニークなプロモーションではなく、バナナトロフィーをめぐる「人間ドラマ」の取材を提案したのである。

200人のバナナを起点に2800万人のリーチを獲得

こうして露出につながったのが、フジテレビの「**めざましテレビ**」などだったわけだが、吉柳氏たちにはもうひとつ越えなくてはいけない「壁」があった。それは、バナナトロフィーのハイライトが、東京マラソンのフィニッシュ後におこなわれるということである。「聴育」のように1年前から準備されたPRアイテムではなく、ランナーがフィニッシュをしてから制作されるもので、その時になってみないとどういう絵が撮れるのかわからないという不確定要素を多くはらんでいるのだ。

「個人のストーリーを売りにしておきながら、人は確定していない。そういう不安はありましたね。バナナトロフィーをもらったランナーのドラマを追うという企画を提案しているけれど、このランナーが取材できますというわけではない。『私たちもランナーに声をかけるので一緒につかまえましょう』という感じで、非常に大変でしたがそれが逆に新鮮な感じもしましたね」

このような「ライブ感のある人間ドラマ」は多くのメディアの関心をひき、テレビだけではなく新聞、雑誌、ガジェット系のウェブメディアなど幅広い露出を獲得。延べ2800万人へのリーチへと結びついたのだ。この結果には、ドールの大滝氏も大きな手応えを感じた。そのなかでもやはり強く印象に残っているのは、200人を起点とした「つながり」から生まれた反響の大きさだったという。

「みなさんに感動をシェアしていただいたことで、日常的にあったバナナというフルーツの意外性にスポットが当たったと思っています。SNSでは東京マラソンに参加した後、おいしかったので『極撰』を買って帰ったという方のつぶやきもありましたし、ドールの海外法人からも反響がありました」

さらにいえば、バナナトロフィーの反響が特徴的なのは、一過性の盛り上がりで終わらず、新たなPRにも結びつくというイノベーションを果たしていることだろう。それを象徴するのが、東京マラソンから約3カ月後の5月9日に都内百貨店でおこなわれた「極撰プレミアムバナナ」の限定販売だ。

毎年5月9日を「ドール極撰の日」に定めたことを受け、「極」(ごく)になぞらえた59本の特大サイズの「極撰」にシリアルナンバーを印字した特製ギフトボック

ランナーの思い出づくりに“バナナトロフィー”が寄与

フィニッシュ後、ドールのブースでバナナトロフィーを受け取ったランナーの多くは、記念の“バナナトロフィー”を写真に収め、SNSを通じてシェアした。また、記念撮影の光景はテレビや新聞でも広く紹介された。

スに入れ「極撰プレミアムバナナ」と銘打ち限定販売。1本590円というプレミアム感のある値段も大きな話題になったが、やはりその背中を押したのはバナナトロフィーだ。イベント紹介時にはほぼ必ず「東京マラソンで話題になったバナナトロフィー」という説明がつく。つまり、3カ月前のPRストーリーが土台となって、新しいストーリーの押しだしに成功しているのだ。

「ポップアップストア[※8]のような形で販売したのですが、開店前から列ができ**15分で売り切れ**て反響の大きさに驚いています。また、取引先などからも、社内イベントで印字したバナナを配布できないかという相談が寄せられました。ドールとしてはこれからもバナナの需要拡大とブランド周知を進めていきますので、バナナトロフィーで得たことも今後に生かしていきたい」（大滝氏）

かけがえのない1日に世界一儚いトロフィーを

スポーツイベントの協賛という厳しい制約のなか、ブランド強化を図りつつ商品と人々の感動をむすびつけたバナナトロフィー。その練り込まれたPR戦略は国内外から高く評価され、第61回カンヌライオンズのメディア部門ショートリストに入

※8　19ページ（期間限定店舗）参照。

選を果たしたほか、シンガポールで開催された「スパイクス アジア２０１４」ではＰＲ部門のグランプリを受賞。メディア部門金賞、銀賞のほか、デジタル、デザインの2部門においても銅賞を獲得した。バナナに印字をするという斬新な企画を生みだした布施氏は今どのように感じているのだろうか。

「個人的には、バナナの皮というのはこれまでせいぜい『すべる』という文脈に登場するくらいで、何も生かせなかったところ、世界で初めてバナナの皮を生かしきった試みを実践したということが大きなことだと思っています。残しておきたいけど食べなくては腐ってしまう。だから、チームのみんなとは、『**世界一儚いトロフィー**』というキャッチフレーズをつけていて、実はバナナトロフィーによって、世界にひとつだけしかないかけがえのない今日の1日を大切にするというマインドセットをすることができたのではないかと思っています。それが今回の成功につながったのかもしれませんね」

たしかに、奇抜なアイデアやテクノロジーの驚きだけではここまで人々は惹きつけることはできない。明日には消えてしまうバナナの皮に名を刻むという「儚さ」と、一瞬の輝きにかけるマラソンランナーたちのドラマが見事にマッチしたのかもしれない。

バナナトロフィーという前代未聞のＰＲの何が優れていたのかは識者のなかでも

さまざまに意見が分かれるところだが、ひとつだけ断言できることがある。それは、バナナトロフィーにかかわった人々が、ＰＲの歴史にその名を深く刻み込んだということだ。

Chapter – 3

「天国にいちばん近い島」からの脱却へ 若年女性の心をつかめ

ニューカレドニア観光局

New Caledonia Tourism

×

キャンドルウィック

Candlewick

30年以上使われてきたキャッチフレーズ

「ＰＲ」にとって「イメージ」というのは諸刃の剣だ。世の中にすでにその「イメージ」が浸透し、定着していることによってプラスに働く場合もあるが、逆にその「イメージ」があまりにも強烈すぎるがゆえ、なかなか新しい姿が世に訴求しない、という問題も生じてしまうからだ。

ニューカレドニア観光局が直面したのは、まさしく後者のケースだった。日本から南南東へ７０００キロの南太平洋に位置するフランス領ニューカレドニア[※1]は、四国ほどの大きさの本島を中心に世界遺産に指定されている６つのサンゴ礁と離島に囲まれたリゾートアイランド。オーストラリア、ニュージーランド、そしてフランスから多くの観光客がやって来る。

もちろん、日本人観光客も訪れている。日本との縁は古く、いまも主要な輸出産業であるニッケル鉱山を目指して、戦前に約５５００人の日本人が移住した歴史がある。現在も子孫にあたる多くの日系人が暮らしているという。だが、そのような日本とのつながりよりも、日本国内でニューカレドニアといえば、ある強烈な「イメージ」が長く定着している。

それは、「天国にいちばん近い島」――。旅行会社のパンフレット、あるいはメ

※1　南太平洋のメラネシア地域にある、ニューカレドニア島（本島）とロイヤリティ諸島からなるフランスの海外領土。人口約27万人。主な産業は鉱業（ニッケル）と観光。世界自然遺産に登録されているサンゴ礁などの美しい自然や、メラネシアとフランスの文化が融合した独自の文化、海や山でのスポーツアクティビティなどが魅力。日本からは直行便で約8時間。

南太平洋の楽園「ニューカレドニア」

ニューカレドニアは世界遺産のサンゴ礁に代表される豊かな自然や、メラネシアとフランスの文化が融合した独自の文化が魅力。もっとも、ターゲットである日本の若年女性にその魅力が十分に伝わっていないことが課題とされてきた。

ディアで紹介される際、ニューカレドニアにはたいていこのキャッチフレーズがつく。そうでなくともニューカレドニアが語られる文脈では必ずといっていいほど登場する常套句、もはや枕詞といってもいいかもしれない。このフレーズは1966年発表の、小説「天国にいちばん近い島」[※2]に由来する。著書の故・森村桂がニューカレドニアを旅した経験をもとにしたもので、200万部超えのベストセラーとなり、1984年には原田知世主演で映画化されヒット、同名の主題歌も発売されたことで、日本人の間に、**「ニューカレドニア＝天国にいちばん近い島」**という構図が完全に浸透した。それから30年以上もの間、ニューカレドニアの日本人観光客誘致にも大きな役割を果たしたのだ。

そう聞くと、この「イメージ」の何が問題なのだと首を傾げるだろう。たしかに、いまも「天国にいちばん近い島」がニューカレドニアの魅力発信に多大な貢献をしているのは間違いない。2014年の日本人観光客数は1万9087人。前年比21・8％増と順調に成長している。が、実はその一方で、この「イメージ」が広く知れ渡っているわりには、「訴求したいターゲット」に届いていないという課題が見えてきたのだ。

※2 1966年に刊行された、作家の森村桂による旅行記。亡き父が話していた「天国にいちばん近い島」を求めてニューカレドニアに旅立つ。まだ自由に海外旅行ができなかった時代の苦労や夢と現実のギャップ、現地の人たちとの交流などが描かれる。84年に原田知世主演で映画化され、再びニューカレドニアに注目が集まるきっかけをつくった。

女性視点を生かした企画でコンペを勝ち抜く

ニューカレドニア観光局が調査をしたところ、「天国にいちばん近い島」というキャッチフレーズが若年層、特に日本の海外旅行市場では大きなシェアを誇る「30代女性」にあまり届いていないことが明らかになったのである。

たしかに、「天国にいちばん近い島」というコピーを目にすれば、誰もが都会の喧騒を離れてリラックスできそうな島だということをイメージするだろう。しかし、海外旅行をする「若い女性」というのは、それらだけを目的としているわけではない。充実したアクティビティ、グルメ、非日常的でラグジュアリーなホテル、スパなどの癒し、そしてショッピングなどさまざまな要素が必要なのだ。実際にこれらの要素はニューカレドニアにもしっかりと存在している。フレンチをベースとした多彩なグルメもあれば、ショッピングセンターもある。そして近年では世界的なホテルブランド「シェラトン」が進出するなど、ゴルフ場やスパなどが満喫できるリゾートアイランドとしての整備が進んできている。ただ、残念ながらそれらの魅力というのは、「天国にいちばん近い島」というイメージでは、なかなか伝えきれなくなってきた。そもそも、ターゲット層のほとんどは30年前にヒットした映画のことなど知らないのだ。ニューカレドニア観光局本局のジャン＝ミシェル・フートラン局長[※3]が言う。

「日本人の感覚では、ニューカレドニアのイメージがまだクリアではないということが分かったので、改めて**若い人への訴求を高めよう**と考えました。これは私たちにとっても大きなチャレンジでした。そこで、これまでとは異なる新しいアイデアや方法を提案してくれて、若者向けのプロモーションを任せられる日本のパートナーが必要だったのです」

こうして白羽の矢が立ったのが、PR会社のキャンドルウィックだ。PRやマーケティングの高い専門性を有する女性が多く在籍し、**「女性ならでは」という視点**を生かしたフード、ファッション、ビューティなど幅広い分野で、ブランド価値を高めるコミュニケーション支援をおこなっている同社は、ニューカレドニア観光プロモーションのコンペを見事勝ち抜き、2015年1月から5人の女性が中心となって業務にあたっている。

キャンドルウィックはフランスワインやマレーシア政府観光局などの海外案件も多く手がけている。そのような実績がコンペの勝因になったと思われるかもしれないが、それだけではない。観光局本局アシスタント・ディレクターのジュリー・ラロンド氏[※4]が話す。

「これまでにない新しいコンセプトと、それを実行に移すためのイベントや出版、

※3 ニューカレドニア観光局局長

ジャン＝ミシェル・フートラン

Jean-Michel Foutrein

ニューカレドニア・ヌメアにある観光局本局の局長。12歳の時からニューカレドニア在住。

SNSなど革新的な取り組みが多数ありました。ニューカレドニアの観光局というのは、地元ホテル、トラベルガイド、エアカラン（ニューカレドニアの国際線航空会社）などが出資してつくられた組織で、多くの人々がかかわっているのですが、キャンドルウィックの提案は満場一致でした」

PR会社がこうした観光集客施策に携わるケースでは、プロモーション全般を請け負う広告会社の下でパブリシティなど狭義の「PR戦略」のみを担うことが多い。ところがニューカレドニア観光局の場合は、広告会社も含めたコンペで同社が選ばれたため、メッセージの開発からクリエイティブ、メディアの選定から実施まで、日本でのコミュニケーション全般を取り仕切ることになった。

ふたつのキャッチフレーズで島の魅力を訴求

では、キャンドルウィックの提案した「プロモーション戦略」はいったい何がずば抜けていたのか。その秘密をひとつずつひも解いていこう。担当者たちに振り返ってもらうと、まず高い評価を受けたものに、フートラン氏も言及した「新コンセプト」がある。

※4
ニューカレドニア観光局アシスタント・ディレクター
ジュリー・ラロンド
Julie Laronde
フランスで観光コンサルティングの仕事に携わったのち、2003年ごろにニューカレドニアに移住。2010年からニューカレドニア観光局で現職。

それは、「Ｒｅｖａｌｕｅ Ｙｏｕｒｓｅｌｆ」――。「ニューカレドニアを暮らすように旅しながら、新しい自分に出会える場所」という意味が込められている。今回、主にニューカレドニア観光局との窓口となった石井麻理子氏[※5]はこのように語る。

「これまでの『一度は行きたい島』というイメージを一新し、若い女性客への訴求を目的としていくということがあったので、**『何度も行きたい島』への転換を目指す**という思いを込めました」

たしかに、「天国にいちばん近い島」では、「死ぬまでに一度は行ってみたい」といった印象を持たれがちで、頻繁に足を運ぶイメージはない。そこで、ハワイ、グアムというリゾートアイランドで若い女性たちの多くがリピーターになっているということからも分かるように、心身のリフレッシュに向かう島というコンセプトを提示したのである。もちろん、コンセプトだけではなく、そこに合わせたふたつのキャッチフレーズと、それに伴うビジュアルも作成した。

《すべてを忘れる島。すべてを満たす島。》

《どこよりも蒼い空。どこまでも碧い海。》

※5 キャンドルウィック アカウント エグゼクティブ

石井麻理子

いしい・まりこ

ＰＲ業界でアルバイト、インターンの経験を経て、２０１２年キャンドルウィック入社。ほかにはノルウェーのベビー用品ブランド「ＳＴＯＫＫＥ（ストッケ）」などを担当。趣味は旅行（特に海外のビーチめぐり）とヨガ。

島の魅力を伝えるふたつのキャッチフレーズとビジュアル

最大の資産である海や自然の訴求だけでなく、ゆったりした空間で自分を見つめ直すことができることをアピールし、「一度は行きたい島」から「何度でも行きたい島」への転換をはかった。ふたつのキャッチフレーズとビジュアルによる提案は、観光局側の高い評価を獲得した。

後者が世界遺産のラグーン（サンゴ礁）などの美しい自然や、豊富なマリンアクティビティを訴求する際に用いられるというのは一目瞭然だが、ポイントは前者である。日常から遠く離れたニューカレドニアの大自然の中で、エステ、グルメなど、ゆったりした時間のなかでリラックスし、自分を見つめ直すことができるということを訴求したのだが、これが功を奏したのである。同じく現地の観光関係者たちの定例スカイプ会議などで主に窓口となったジェマ・マックゴールドリック氏[※6]が言う。

「メインビジュアルなどが非常に高く評価されました。ニューカレドニアは北部、南部、離島という3つの行政区画に分かれていて、それぞれ観光資源やホテルの種類などが異なります。さまざまな意見や要望があってそれをとりまとめるだけでもかなり大変そうなのですが、私たちが提示したメインビジュアルで、みなさんの方向がひとつになった、と言っていただけました」

デジタルに大きく舵を切る

だが、コンセプトやコピーが素晴らしくても、それを観光誘致につなげなくては

※6
キャンドルウィック
シニア アカウント エグゼクティブ

ジェマ・マックゴールドリック

Gemma McGoldrick

ブリティッシュ・カウンシル副所長、大学の講師などを経て、2014年キャンドルウィック入社。主に新規海外ビジネス開拓を担当し、ほかにカタールフレンド基金なども担当。趣味は旅行（現在32カ国）と食・ワインをエンジョイすること。

意味がない。そのあたりの「仕掛け」もキャンドルウィックはぬかりがなかった。

まず、ふたつのコピーに合致するような2人の観光親善大使を立てた。女優の田丸麻紀さんと、俳優の賀来賢人さんである。田丸さんは「女性の旅」を意識し、《すべてを忘れる島。すべてを満たす島。》のコピーのように、「リラックス」という視点での魅力を発信。一方、自らさまざまなマリンスポーツをおこなうという賀来さんが「アクティブ」という視点。2人はニューカレドニアを訪れ、コンセプトムービーを作成。それらをアップした新たなコンセプトサイトと、観光親善大使就任の発表を4月16日に実施したのである。

その一方で、これまでにはない取り組みにも力を入れた。まず注目すべきは**デジタルメディアやツールをフル活用したPR・マーケティング**である。観光親善大使の2人が自身のSNSで積極的な情報発信をおこなうのはもちろん、消費者向けに開催したイベントで、ハッシュタグをつけてイベント内で撮影した写真を投稿する消費者参加型のキャンペーンを展開したほか、エアカランのニューカレドニア往復チケットが5組10人に当たる「タッチ！ ニューカレドニア」というキャンペーンもスタートさせたのである。これは大きな反響を呼んだ。それを象徴するのが、東京メトロ表参道駅構内に掲出された全長21メートルの巨大ポスターだ。ここにはキャンペーンの告知や、ニューカレドニアの象徴であるブラックマンタ[※7]で遊べるスマ

※7　魚類のなかで最大級の大きさを誇るオニイトマキエイ（マンタ）の全身が黒色のものを、主にダイバーの間で「ブラックマンタ」と呼ぶ。ニューカレドニアの海で潜るダイバーの狙いのひとつ。

ホ用アプリへのＱＲコードが記されていたのだが、そこに加えて大量の航空券型のリーフレットが貼られていた。それがなんと掲出開始から30分ですべてなくなってしまったのである。

明らかにこれまでのやり方と異なるニューカレドニアの観光プロモーションはすぐに大きな話題となり、ネット上などでも「最近ニューカレドニアの話題をよく見る」という評価が増えていった。ただ、新しいコンセプトに基づいて、著名人を起用して、デジタルを駆使して認知を広めるというのは、かなりオーソドックスなＰＲ・マーケティング手法であり、キャンドルウィックならではという「強み」ではない。

人気の旅行ガイドブックに「ニューカレドニア版」

ベーシックな観光施策ももちろん重要ではあるのだが、ニューカレドニアの観光関係者が絶賛したのは、キャンドルウィックのプロモーション戦略に、ターゲットである「女性」を振り向かせるためのさまざまな「仕掛け」が幾重にもはりめぐらされている点にある。

◘ 観光親善大使を務める田丸麻紀さんと賀来賢人さん。中央はフートラン局長

◘ 100人を超える報道関係者が来場した

新たなプロモーション展開へのキックオフ

ニューカレドニア観光局は2015年4月16日、新たな観光プロモーション戦略を日本のメディア向けに発表した。新コンセプト“Revalue Yourself（リバリュー・ユアセルフ）”やキービジュアルのほか、観光親善大使を務める女優の田丸麻紀さん、俳優の賀来賢人さんが登壇してアピールした。

その代表的なものが、「ことりっぷ海外版 ニューカレドニア」である。20代から30代の働く女性たちに「等身大の小さな旅」を提案することで人気を誇る旅行ガイドブック「ことりっぷ」（昭文社）には、これまでニューカレドニア版が出ていなかった。そもそも、国内のガイドブックではニューカレドニアは、オセアニアなどの広域のなかで紹介されることが多く、単体で扱うガイドブックは「地球の歩き方」（ダイヤモンド・ビッグ社）と「るるぶ」（JTBパブリッシング）の2冊しか存在しなかった。今回、ターゲットにしたい「若い女性」の目線に合った情報が少なかったのである。キャンドルウィックでは、**出版社にガイドブックの刊行を提案**、情報提供などで編集協力したのだ。といっても、一言で片づけられる安易な仕事ではなかったという。今回は主に制作物を担当した吉田恵氏[※8]が言う。

「ニューカレドニアの観光地は、最大の都市ヌメアなど島の南部に集中しています。ことりっぷは基本的に、女性がひとりで旅をしても不安なく楽しめるというコンセプトなので、北部や離島がなかなか紹介できず調整に苦労しました。そこでロイヤリティー諸島などは、レンタカーでめぐるコースなどを提案するなど、全体のバランスをとるようにしました」

8月に都内で開かれた発売イベントでは、観光親善大使の田丸さんに出席してもらい、女性目線のニューカレドニアの魅力についてのトークショーをおこなうなど

※8 キャンドルウィック アカウント エグゼクティブ

吉田 恵

よしだ・めぐみ

学生時代からPR・出版業界で経験を積み、アパレル会社を経て2015年キャンドルウィック入社。ほかにスキンケアブランド「デ・マミエール」のPR、マーケティング担当など。最近はメキシコ料理に凝っているほか、スキンケアブランド担当をきっかけにアロマテラピーを勉強中。

PRに力を入れたということもあるが、日本で3冊目のニューカレドニアのガイドブックはすぐに反響があった。

「代官山蔦屋書店さんから『ニューカレドニアの本はないかという問い合わせが最近すごく増えた』という声をいただきました。それが後押しとなりニューカレドニアのコーナーがつくられることになって、その時もことりっぷが非常に良く売れたそうです」（吉田氏）

ターゲット女性に人気のブランドとタイアップ

広告やイベントなどではなく、女性にターゲットを絞ったガイドブックを活用するというのは、まさに「PR会社」ならでは手法であるが、これまでのニューカレドニア観光局にとっては初めての試みだった。実はこれまでニューカレドニアの観光プロモーションは、予算の約半分を純広告[※9]に投入していたからだ。「天国にいちばん近い島」というイメージから海、きれいな砂浜というビジュアルを広告で押し出していたところを、「女性視点」というPRを進める。当然、ゼロからではないにしてもイチからの作業だ。今回のプロモーションを統括した木村彩都子氏[※10]は、開

※9 広告主側が原稿を制作してメディアに出稿する広告のこと。

※10 キャンドルウィック アカウントマネージャー
木村彩都子
きむら・さとこ
国内系、外資系のPR会社、事業会社の広報を経て、2015年3月キャンドルウィック入社。ニューカレドニア観光局のプロジェクトでチームリーダーを務めるほか、主に食品分野を担当する。学生時代のインターンも含めると広報歴は20年に及ぶ。

始前の膨大な作業量を振り返る。

「制作物もすべて女性のマインドに届くようにつくり変えましたし、トートバッグ、メディア向けのファクトブックもつくりました。また、オフィシャルガイドブックは10年前のものが使われていたので、それも現代風に修正。ニュースリリースもそれほどなかったので、こちらも整備をしました」

このような「旅好き」の20代、30代女性をターゲットにした「PR」の環境を整える一方で、ニューカレドニア観光に対してそこまで前のめりではない女性たちにも、振り向いてもらわねばならない。つまり、**「新規客獲得」のためのマーケティング**である。その点もしっかり手を打っていた。

たとえば、「ニューカレドニアオリジナルスイムウェア」などは分かりやすい。20代～30代の女性たちから支持される水着ブランド「GUACAMOLE」（ガカモレ）とコラボレーションし、ニューカレドニアのイメージとシンクロするオリジナルデザインスイムウェアを開発。やはり女性たちに人気のあるバーニーズ ニューヨークで販売したのである。メディアリレーションズ業務を主に担当した中尾海音氏[※11]が振り返る。

「暮らすように旅をする、またRevalue Yourselfのコンセプトに基づき、ニューカレドニアの象徴であるブラックマンタをモチーフにしたスイムウ

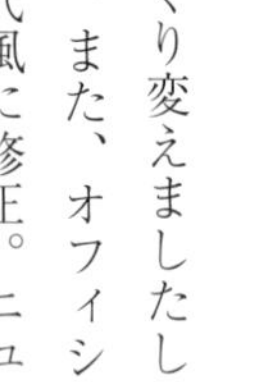

※11 キャンドルウィック シニア アカウント エグゼクティブ
中尾海音
なかお・みね
ラグジュアリーファッションのPRアシスタント、世界のホテルや観光局のPR担当（イタリア駐在）を経て、2013年キャンドルウィック入社。ほかにはマレーシア政府観光局のプロジェクトも担当。主にメディアリレーションズを受け持つ。趣味は旅行や美術館めぐり、舞台など心を豊かにするコト、モノ全般。

ェアを開発し、初日から有名人に購入していただいたことですぐに話題となって完売してしまうモデルも出ました」

もちろん、ヒット水着をつくることが目的ではない。スイムウェアを販売する店頭でオリジナル・ルックブックを配布。そこでは、２０１４年度のミス・ニューカレドニアをモデルにして、美しいビーチや自然とともに、ニューカレドニアの基本情報など魅力がつづられているのだ。

「バーニーズ　ニューヨークにいらっしゃるような感度の高い女性をターゲットにして、まずはファッショントレンドから入っていただき、読み進めていくとニューカレドニアへ行きたくなるという仕組みです。バーニーズではポップアップストア[※12]も置き、ここではニューカレドニアの料理をケータリングして振る舞うほか、ハッシュタグキャンペーンもやって航空券プレゼントなどをおこないました」（中尾氏）

つまり、バーニーズ　ニューヨークでハイセンスな水着を紹介するという入り口から、その世界観で魅了をさせていくうちにいつの間にか、「ニューカレドニア」に振り向いてもらえるような**出口へ誘うという「仕掛け」**をつくったのである。

※12 19ページ（期間限定店舗）参照。

東京の都心でニューカレドニアを疑似体験

このような緻密に計算された新規客獲得マーケティングの代表が、7月4日から14日までの11日間、六本木ヒルズ展望台「東京シティビュー」で催されたイベント「ニューカレドニアスカイビーチ〜海抜250メートルのリゾート体験〜」である。その名のとおり、これは単なる観光誘致イベントではなく、**ニューカレドニアを疑似体験してもらう**ことを目的としたものだ。

「ニューカレドニアのイメージといえばやはり非日常なので、俗世間から遠く離れた場所ということで海抜250メートルのスポットを選びました。癒しの空間のなかで、訪れた方には五感でニューカレドニアを体験してもらう仕掛けです」（木村氏）

会場に流れるニューカレドニアの映像や音楽によって、「視覚」と「聴覚」で《どこよりも蒼い空。どこまでも碧い海。》を体感できるほか、現地で人気の地ビール「マンタビール」のサンプリング[※13]もおこなうなどして、「味覚」でもニューカレドニアの疑似体験ができるようにした。さらに、現地の美しいビーチから持ってきた砂に触れることができる「サンドメッセージ」のコーナーや、ファッションショーなどでも活躍するネイリストの協力を仰ぎ、ニューカレドニアをイメージした限定ビー

※13 試供品を消費者に無料提供し、体験してもらうことで顧客開拓を狙うマーケティング手法のこと。

俳優の賀来賢人さんとミス・ニューカレドニアを招いてトークショー

ニューカレドニアデザインのネイル体験コーナーも

六本木ヒルズで「海抜250メートルのリゾート体験」

2015年7月に六本木ヒルズ展望台で実施した「ニューカレドニアスカイビーチ〜海抜250メートルのリゾート体験〜」。リゾート気分を味わえる映像や音楽、香りなどの演出のほか、お土産コーナーでは日本未入荷のニューカレドニア産ビールのサンプリングのほか、Tシャツなどの小物を販売。11日間で1万7000人が訪れた。

チネイルを無料で提供。このような「触覚」に加えて、「嗅覚」に関してもアロマディフューザーによって、現地のニアウリという木の香りで会場を満たし、癒しの空間を演出した。特筆すべきは、その「香り」だ。

「ニアウリは殺菌効果のある木でニューカレドニア特産品のひとつです。そこで、当社のクライアントであるブランドとコラボをして、ロンドンの調香師にニアウリのエッセンシャルオイルを開発してもらい、商品化したのです」（吉田氏）

つまり、新規客に「ニューカレドニア」に興味を持ってもらうため、既にある観光資源を活用するだけにとどまらず、自ら商品化でネタをつくりだしているのだ。

五感に訴える「仕掛け」はこれだけではない。先ほどのオリジナルデザインスイムウェアの展示やニューカレドニアの土産物や限定Tシャツなどの販売コーナーを設けたほか、なんの気なしに訪れた人たちを「ニューカレドニア」の世界観に惹き込むためのアトラクションもおこなった。フォトブースを設置し、ここで写真撮影をおこなった後に、ハッシュタグ「**#ニューな行き先ニューカレドニア**」で自身のインスタグラムまたはフェイスブックに投稿したなかから抽選で、ニューカレドニア往復航空券とオープンしたての高級リゾート「シェラトン・ニューカレドニアデヴァリゾート＆スパ」の3泊ペア宿泊券が当たるキャンペーンを展開。また、会場内に隠されたハッシュタグを見つけると、ニューカレドニアのグッズがもらえるというゲームにも、多くの人々が参加した。

「イベントを目的に訪れた人たちだけではなく、たまたまデートなどで展望台にやって来た女性たちも、美しい砂を触って、無料でネイルをしてもらって、フォトブースで写真を撮ったりしているうちに気がついたら『ニューカレドニア』に惹き込まれる。そんな仕掛けを目指しました」(中尾氏)

そうしてニューカレドニアに関心を抱いてくれた人のため、観光に直結するより深い情報を提供するトラベルコンシェルジュのコーナーも会場内にもうけた。日替わりでビーチライター、ダイビング誌の編集長、スポーツウェア「ロキシー」のPR、雑誌「ナショナルジオグラフィック」の担当者などさまざまな分野で活躍する人々が、観光を検討する人々へ「旅のプロ」ならではのアドバイスをおこなった。

さらに、このイベントが戦略的なのは、イベント会場の外にも、ニューカレドニアへの関心が高まるような「仕掛け」をつくっている点である。会場近くにある六本木のカフェにおいて、ニューカレドニアのオリジナルメニューやオリジナルカクテルを販売したのだ。そこの目玉は、「天使の海老」だ。

実はニューカレドニアは、養殖エビを年間に600トン、ひとり当たりでは2・5キロ消費する。国別のひとり当たりの消費量で比較すると、世界一位となっている。フランスでは高級店などで使われるこのエビは、甘味やうま味成分が、ほかの養殖エビよりも格段に多いといわれており、近年日本国内でも、高級ホテルや、食材にこだわった天ぷら屋、寿司屋などでも用いられるようになってきている。このような知られざる高級食材を介して、グルメに関心の高い女性たちにニューカレドニアの魅力を訴求したのである。

あらゆる「仕掛け」が織り込まれた「ニューカレドニアスカイビーチ」。イベント初日には、ミス・ニューカレドニアと賀来賢人さんが、「住んでいる側」と「旅する側」という双方の視点から、ニューカレドニアの魅力を語り合うトークショーをおこなうなどして勢いをつけたこともあって、11日間で1万7000人もの人が来場したのである。

イメージ刷新から「集客」のフェーズへ

ガイドブックやスイムウェア、エッセンシャルオイルなどさまざまなPRネタを自らつくりだしつつ、ターゲットである「若い女性」を意識した「Ｒｅｖａｌｕｅ Ｙｏｕｒｓｅｌｆ」というコンセプトに基づく《すべてを忘れる島。すべてを満たす島。》というイメージの構築を進めてきたキャンドルウィック。もちろん、《天国にいち

ROXYガールの宮崎絹子さんのインスタグラム投稿

「ことりっぷ」のイベントで参加者による投稿

SNSの効果的な活用がポイント

プロモーション全般でSNSや動画などのデジタルツールをフル活用していることもポイント。女性に人気のインフルエンサーらが「インスタグラム」でニューカレドニアの人気を発信したほか、イベントでは来場者にハッシュタグでの投稿を促すなど、拡散のための仕掛けを随所に施した。

ばん近い島》という30年以上慣れ親しんだイメージが、わずか1年でこちらに切り替わるわけはない。しかし、その取り組みは着実に成果をあげてきているようだ。フートラン局長も今回の新しい取り組みには手応えを感じている。

「世界の観光トレンドを見ると、全体的に日本人観光客は減っていますが、ニューカレドニアは**前年比で約6％増えている**（2015年10月現在）。よくやってくれています。ひとつのブランドイメージを確立できたので、今後は、ホテルや航空券の予約を増やすという実際にニューカレドニアへ来てもらうためのPRが必要となってきます」

無論、キャンドルウィックの施策もそうなっている。10月にはプレスツアーを開催し、観光親善大使・賀来賢人さんがダイビングやゴルフなどのアクティビティに挑戦する姿に密着する映像なども公開。さらに、海とサーフィンがコンセプトの女性誌「ハニー」とコラボレーションした読者ツアーを企画。プロサーファーの鈴木香那さんとヨギーニの岩崎玉緒さんが同行し、美しいニューカレドニアの自然のなかで、人気のマリンスポーツ「スタンダップパドル」やヨガを満喫できるという内容だ。ツアー中には、鈴木氏らに加え、最近インスタグラムで人気を博し、メディアなどでも〝天使すぎる！〟と話題のROXYガール宮崎絹子さんも参加し、インスタグラムでニューカレドニアの魅力を発信。「海」や「癒し」に対して感度が高い女性たちをターゲットにクチコミ効果を狙い、実際に「ニューカレドニアへ向かう」という人々を増やすことを目的としたマーケティングへと移行した。

また、33社の旅行代理店とアライアンスを結び、ニューカレドニアツアーのキャンペーンを展開。旅行比較サイトやマリンスポーツを扱うサイトなどだけではなく、サーチエンジンにもバナー広告をだして、実際に「ニューカレドニアを訪れる観光客」の獲得を目指している。

数多くのリゾート地のなかで「選ばれる理由」をつくる

女性に届くような新コンセプトを生みだし、女性をターゲットとした多彩なマーケティング施策をおこなうだけではなく、実際に女性ツアー客獲得までをおこなう。このように**「女性目線」で多彩なマーケティングプラン**を編みだし、それをツアー客獲得というゴールに結びつけるキャンドルウィック。ニューカレドニアの観光関係者たちが満場一致で、「任せよう」という結論に至った理由が、分かっていただけたのではないだろうか。

といっても、すべてキャンドルウィックが描いたシナリオどおりに進んだわけではない。プロモーションを進めていく上で、かなりの試行錯誤もあった。木村氏は「苦労したのは女性ターゲットのレンジの設定です」と振り返る。

どんなに優れたマーケティングプランをつくれても、「顧客が誰か」ということを見誤ってしまえば、望むような成果を得ることはできない。キャンドルウィックが「土台」の部分から、ニューカレドニア観光プロモーションに携わっていたことを如実に表す言葉だが、それはメディアリレーションズを担当した中尾氏も同じだったという。

「最近注目されているベトナムなどの秘境ビーチもあるなかで、『なぜいまニューカレドニアなのか』ということを必ずメディアの方から聞かれるので、その根拠づけが大変でした。『天国にいちばん近い島』のイメージに引きずられないためにも、自分たちで現地に足を運んで観光資源を発掘しなくてはいけませんでした」

このように聞くと、彼女たちが進めてきたのは観光プロモーションというより、30年間続いてきたイメージを進化させ、**新たなイメージをつくりだす「ブランドの再構築」**なのかもしれない。もちろん、わずか1年の活動で確立できる「ブランディング」などあるわけがない。

ニューカレドニア観光局とキャンドルウィックの挑戦はこれからも続く。

Chapter – 4

「外の目線」生かし魅力を発信
地域ブランディングで地方を元気に

大分県

Oita Prefecture

×

オズマピーアール

Ozma PR

〝地方消滅〟の危機感から動きだした自治体

2014年5月に発表されたあるレポートをおぼえているだろうか。増田寛也・元総務相が座長を務める日本創成会議が、「2040年までに約半数の市区町村が消滅する危険性がある」と推計したものだ。全国の896市区町村を「消滅可能性都市」[※1]と名指ししたことで、特に地方自治体関係者の間で衝撃が走った。このニュースに触れ、「自分が生まれ育った自治体も……」と想像して冷や汗をかいた人も多いのではないか。以前から少子高齢化や人口流出による過疎化が全国各地で問題になっているが、このレポートはそれをあらためて浮き彫りにした格好だ。自治体関係者の危機感は深刻なものとなっている。

日本は2000年代後半から人口減少社会に突入したといわれている。人口が減ると、どのようなことが起きるのか。当然のことだが、人口が減れば自治体の税収が減る。地域経済も成り立たなくなり、産業が衰退していく。そして、そのことによってさらに人口流出が加速するという悪循環に陥ってしまうのだ。また、大手企業の工場が海外に拠点を移す動きも、地方の疲弊に拍車をかけている。

こうした背景のもと、地方自治体や商工関係者などを中心に注目が集まっているのが「**地域ブランディング**」だ。都道府県や市区町村などの自治体が自らの魅力を

※**1**　2010年の国勢調査を基にした日本創成会議の試算では、2040年時点に20～39歳の女性人口が半減する自治体（896市町村）を「消滅可能性都市」と見なしている。同時点までに人口1万人を切る523の自治体は、とりわけ消滅の危険性が高いという。

ＰＲして認知度やイメージ向上をはかり、観光誘致や移住・定住などにつなげていく取り組みを指す。いま、自治体には観光客を誘致し、エリア外からの〝外貨〟を稼ぐことが求められている。そして観光などを通して地域の魅力に気づいてもらい、最終的には移住・定住者を増加させなければならない。地域活性化に国も大きな関心を寄せるなか、一部のメディアではこうした動向を「自治体ＰＲ元年」と呼ぶ動きも出ている。

いま、地域ブランディングに積極的に取り組んでいる自治体のひとつに大分県がある。２０１４年度からオズマピーアールをパートナーに選び、地域ならではの魅力の発掘からコンテンツの制作、メディアリレーションズに至る一連のＰＲ活動を強化している。大分県にとって自治体ＰＲを外部委託するのは初の試みだ。

大分県は別府や由布院といった全国的に有名な温泉地があり、日本一の温泉源泉総数・源泉湧出量を誇る。もっとも、これらの温泉地が大分県にあることすら十分に認知されていないことが県関係者の悩みだった。ブランド総合研究所（東京都港区）による「地域ブランド調査」[※2]２０１３年版のランキングでは、**47都道府県中31位**。県は「おんせん県おおいた」を商標登録して魅力をアピールしていたが、さらなるブランド向上が求められていた。

※2 民間企業の「ブランド総合研究所」が２００６年から実施している調査。全国３万人を対象に、１０００市町村と47都道府県のイメージや観光意欲などを調べ、毎年レポートしている。

知りすぎているから、地元の魅力に気づかない

オズマピーアールの木暮麻純氏※3は、首都圏のメディアに刺さりそうな大分のスポットを発掘するため、県の担当者と2日間かけて別府、九重、佐賀関、宇佐など県内各地を視察していた。この視察では特に大分県の「味《み》力《りょく》」を掘り下げるため、各地の生産者から聞き取り調査をおこなった。そのなかで見つけたのが、櫛野《くしの》農園の「柚《ゆ》子《ず》ごしょう」※4だ。

柚子ごしょうは大分県が発祥だという説があるほど、県内では親しまれている調味料だ。生産者の櫛野正治氏は、宇佐市内で30年ほど前から柚子農家を営んでおり、1991年から加工事業に乗りだして柚子ごしょうを開発した。当時はあまり知られていなかった柚子ごしょうを全国に広めるため、物産展で薄くスライスした蒲鉾につけて試食提供するなど、普及に尽力している生産者だった。

「櫛野さんは、メディアの興味を惹きそうなストーリーを持った方でした。お話を聞いた時に、**『これは、メディアに取り上げてもらえる』**と確信したのです。さらに、とり天や唐揚げやチーズにのせたり、ペペロンチーノの唐辛子を柚子ごしょうに替えたり、首都圏ではあまり知られていない生産地ならではの食べ方をリサーチして、メディアにアプローチしました。結果、食材を深掘りして紹介する番組や、

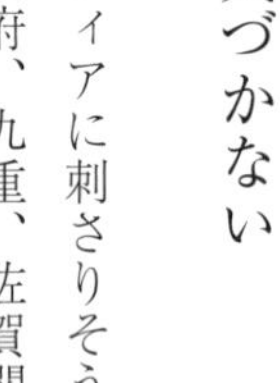

※3
オズマピーアール
営業開発部
地域ブランディングチーム
PRプランナー
木暮麻純
こぐれ・ますみ
2009年オズマピーアール入社。都内の商業施設や表参道エリアの広報業務に携わったのち、現在は地域ブランディングチームで主に地方自治体を担当。テレビのリレーションに強く、旅番組や情報番組の取材誘致で多くの実績がある。趣味は旅行。国内外に足を伸ばす。

柚子ごしょうを生産する「櫛野農園」の櫛野夫妻

柚子ごしょうがあまり知られてなかったころから、全国に広めるための活動を続けてきた櫛野夫妻。こうしたエピソードを発掘してストーリー化し、メディアに伝えていくことで話題が広がっていく。

地域の特色ある食を紹介する旅番組などに取り上げてもらうことができました」(木暮氏)

この案件では、生産者の背後にあるストーリーを取材で深く掘り下げるのに成功したことにより、櫛野農園の魅力をメディアに伝えることができた。さらに、「外からの目線」を大切にしたことも成功した要因だった。

大分県東京事務所のおんせん県おおいた課・阿部万寿夫課長[※5]はこう語る。

「オズマピーアールさんが柚子ごしょうをPRしてくれると聞いた時は、『本当にメディアが取り上げてくれるのだろうか』という思いがありました。というのも、柚子ごしょうは、大分県では当たり前に親しまれている調味料だったからです。しかし、東京の人からすると珍しいものだということに、オズマピーアールさんとのやりとりを通じて気づきました。地元を知りすぎているからこそ、逆に地元の魅力に気がつかない場合もあります。東京の人から見ると、何が珍しく魅力的に映るのか。民間のPR会社と組んで、**『外の目線』からジャッジしてもらう**ことで、地元の魅力の再発見につながりました」

「地域ブランディングは、好奇心旺盛な人に向いている仕事」と木暮氏は話す。地元の人と触れ合い、魅力を発見して首都圏のメディアに伝えていくという、高度なコミュニケーション能力も求められる。しかし、だからこそ「成功した時の達成

※4 とうがらしとユズを原料とする調味料の一種。九州や四国で製造されている。発祥は大分県のほか諸説ある。

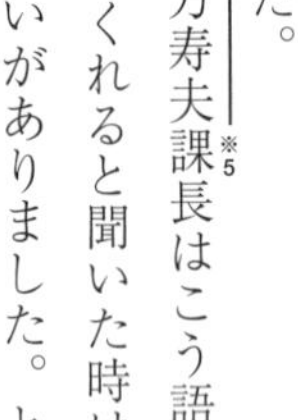

※5 大分県東京事務所おんせん県おおいた課課長

阿部万寿夫

あべ・ますお

1986年大分県庁入庁。リゾート推進室、観光振興課、観光・地域振興局など主に観光関連の部局を経て、2014年に新設した「おんせん県おおいた課」課長に。首都圏での認知度アップと

感は何にも代えがたい」（木暮氏）という。

オズマピーアールが地域ブランディングを手がけ始めた翌年、大分県の「地域ブランド調査」ランキングは**22位まで急上昇**した。大分県での事業は2015年度も続いている。

メディアに頼られることで提案がしやすくなる

木暮氏は新卒でオズマピーアールに入社し、商業施設のPR事業を経験した後に地域ブランディングチームに配属された。自治体の仕事で魅力的なのは「地元の人と触れ合えること」と目を輝かせる。

地域ブランディングの仕事は、自治体関係者と一緒に現地を回って地域の人から地元の魅力を聞きだすことが基本だ。さらに、木暮氏は初めておこなった地域では必ずタクシーに乗り、運転手と話すようにしているという。タクシーの運転手は地元の事情に詳しいことが多く、貴重な情報源となるからだ。また、タクシー運転手の対応で、地元の雰囲気が分かることもある。

「やっぱりなんと言っても、現地での取材は楽しいですね。ご飯を食べにふらっ

観光客誘致、県産品の販路拡大が主な仕事。「シンフロ」に代表される「おんせん県CM」の仕掛け人。趣味のマラソン歴は30年超。

と入ったお店で得た情報がネタになる時もあるんですよ」（木暮氏）

もちろん、地域ブランディングの仕事は現地での聞き取り調査だけではない。現地で得たネタを企画提案資料[※6]にまとめてメディアに提供し、取り上げてもらわなければならないのだ。特に重視されるのが、テレビへの売り込み。多い時は1カ月で80番組にアプローチし、担当している自治体のネタを取り上げてもらえるよう情報提供する。

「テレビ番組のスタッフさんは、何度も地方取材に行っている方が多いので、観光スポットを知っているだけでは駄目。もう一歩踏み込んだ話ができないと、企画会議に持って行ってもらえません。そうした、踏み込んだ情報を得るためには、ひとつひとつ丁寧に取材し、自分の言葉で地域の魅力を語れるようにならなければいけないのです」（木暮氏）

さらに、番組ごとの特性や制作スタッフの興味関心を熟知していなければならない。

「『このネタならあの番組のディレクターさんが興味を持ってくれて、取材してくれそうだな』という知識が身につくように常に意識し、メディアの方と接しています。メディアのほうもネタに困っている場合が多いので、『このPR担当者は使えるな』と思ってもらえるようになりたいと思っています。外部にいるリサーチャー

※6　メディアに提案する際は、要点をまとめた「ファクトブック」や、企画提案を盛り込んだ「プロモートシート」などを用いることが多い。売り込む対象を盛り込んだテレビや雑誌の企画構成案を作成して持ち込むことも。

のように思ってもらえれば、番組への企画提案もしやすくなります」（木暮氏）

アプローチする番組やディレクターによって、企画提案資料の内容や見せ方を変えることが基本だという。1カ月間、全番組を網羅するほどアプローチし、ようやく芽が出るのが2カ月後くらい。厳しい仕事ではあるが、その分、成果が表れたときの喜びも大きい。

「取材対応した地域がメディアで紹介されたら、すぐに露出内容をチェックし、次のネタのヒアリングを兼ねてお礼のご連絡をすることで、メディアとのリレーションを深めています。何よりもやりがいを感じるのは、成果が出て、**地元の人が喜んでくれる**ことですね。うれしかったのは、私が情報提供して取材してもらったレストランを番組の女性ディレクターが気に入ってくれ、家族を連れて再訪問してくれたこと。メディア関係者のファンをつくることができると、次の露出につながるし、PR担当者としてもうれしいです」（木暮氏）

情報を受け手に合わせてチューニングしていく

さらに、「外の目線」を活用する際に重要なのは、情報を首都圏のメディアに最適化されるようチューニングしていくことだ。どこの地域にも魅力的な産品や観光スポットはある。自治体はそれらの魅力を発信し、観光誘致につなげている。しかし、もしかしたら地元の人では気づかないような魅力がまだ眠っているかもしれない。すでに見てきたように、それを「外の目線」で発見し、メディアに橋渡ししていくことが地域ブランディングの仕事である。

ただし、その魅力をそのままの状態で情報提供しても、なかなか番組で取り上げてもらえない場合がある。木暮氏が柚子ごしょうをPRした際に、珍しい食べ方の情報を加えたのも、番組に取り上げてもらいやすいようチューニングした工夫のひとつだといえる。

こんな例もある。オズマピーアールが手がけた岐阜県関市におけるPR事業である。関市は刃物の町として知られ、刃物の販売シェアは日本一。「関孫六《せきのまごろく》」といえば、年配者なら誰もが関市を思い浮かべるほどの知名度を誇っている。世界的に見ても、ゾーリンゲン（ドイツ）、シェフィールド（英国）と並んで世界三大刃物産地に数えられるほどブランド力のある地域だった。

しかし、首都圏に住む20代〜30代に調査したところ、関市の認知度はたったの3割程度。若年層への知名度アップが課題となり、オズマピーアールと組んでシティプロモーション[※7]をおこなうことになった。

※7 観光集客や住民との協働、産業誘致、特産物のPRなどを目的として、地域の認知度向上やイメージアップのためにおこなう各種の取り組み。人口減少時代に入った日本において、主に地方自治体の重要なテーマのひとつとなっている。シティセールスともいう。

実はこの関市、もうひとつ有名な観光資源がある。生涯で12万体の仏像を彫ったといわれている円空が晩年を過ごしたゆかりの地でもあるのだ。若者と円空は一見縁遠いようにも思えるが、スナック菓子に仏像を彫って展示する「うまい仏〜円空が眠るまち・岐阜県関市　現代アート展〜」を企画し名古屋で開催したところ、またたく間に話題となり、ヤフー・ニュースのトピックス※8にもトップで掲載された。

自治体が普通に円空のイベントを開催したとしても、おそらく興味を持つのはシニア層がほとんどだ。しかし、「現代美術作家の河地《かわち》貢士《こうし》氏が２００８年から制作している『うまい仏』を展示する現代アート展」というチューニングをおこなったことによって**若者の関心を引きつけることができた**のである。企画したオズマピーアールの高田太郎氏はこう振り返る。

「開催日には名古屋のテレビ局、新聞社のほぼ全社が取材に来てくれました。会場に置いた関市の観光パンフレットがほとんどなくなるなど、『うまい仏』をフックに関市に関心を持ってもらうきっかけをつくることができました。自治体の関係者は、『地元にこんないい観光資源があるから広めたい』と希望されます。しかし、それがメディアや生活者にとって興味を持ちやすいものだとは限りません。そこをうまくチューニングしてアイデアを加えていくのが我々の仕事です」

※8　「ヤフー・ジャパン」のトップページに掲出される、ヤフー・ニュースの8本の記事を指す。ヤフー・トピックス（ヤフトピ）ともいい、1日で50〜80本程度が掲載されるという。メディアリレーションズを手がけるPR関係者がテレビ番組や新聞と並んで掲載目標とするコーナー。掲載されるためにはヤフーにアプローチをするのではなく、まずヤフー・ニュースに記事提供するニュースサイトに掲載される必要がある。

地元の人に愛される地域ブランディングを

2015年には、「自治体PR動画」[※9]が地域ブランディングの領域でヒットした。髙田氏が担当している関市も、PR動画を制作した自治体のひとつだ。動画『もしものハナシ』の内容は、女性がまな板に乗ったニンジンを手刀で切ろうとしたり、男性が髭をガムテープで抜こうとしたり、美容師が客の髪を食いちぎろうとしたり。一見、何を訴えたいのか分からない動画だが、最後に「刃物のない、人生なんて。」という文字が表示されることによって、刃物の町・関市のPR動画だと分かる仕掛けだ。

「自治体のPRではおこなわれていなかったようなシュールでとがった企画を目指しました。『怖すぎる』『シュールすぎる』といったウェブメディアが好みそうなタイトルを想定して、あらかじめその要素を埋め込んだ動画をつくったのです。思った通りに、たくさんのウェブメディアに取り上げていただき、ソーシャルメディアでも拡散され、さらにその現象がテレビ番組で紹介され再生回数を伸ばすことに成功しました。また、セリフのない動画にすることで海外の方にも観ていただくことを目指しました。関市の刃物は海外にも輸出されているからです。『刃物のない、人生なんて。』というメッセージも、日本語と英語で表示しました」（髙田氏）

※9　自治体が行うPRツールのひとつとして、近年急速に普及しつつある。ネットユーザーにいかにおもしろがってもらい、拡散してもらえるかがポイント。制作にあたってはPR発想が欠かせない。

また、大分県でも「自治体PR動画」が制作された。「日本一のおんせん県おおいた」にちなんで、プロのシンクロナイズドスイミングチームが県内各地の温泉でシンクロを披露するPR動画「**シンフロ**」だ。「自治体PR動画」の流行を察知した木暮氏は、さっそく関市も含めた全国各地の情報を集め、なぜいま「自治体PR動画」が話題なのか、分かりやすく解説するメディアへの情報提供資料を作成。「シンフロ」に関する情報が一般公開される前に、水面下でテレビ局に売り込んだ。「シンフロ」の振り付けはとり天、かぼす、豊後牛といった大分の特産品・地元グルメなどをモチーフにしているため、そのことについても写真つきで解説を加えた。さらに、舞台となった温泉地11カ所の情報や、撮影上の苦労話などをメイキング動画を見せながら伝えた結果、動画公開を皮切りに多くのテレビ番組で取り上げられたという。

これまで紹介してきた通り、地域ブランディングをするためには、情報をメディアや生活者に受け入れやすいようチューニングしなければいけない。しかし、地域ブランディングは〝外〟にだけに向けられているわけではない。地元に住んでいる〝内〟の人に対しても向けられなければならないのだ。

なぜなら、人口減少に悩む自治体にとって外から人を呼び込むことは重要だが、それと同じくらい、いやそれ以上に**内の人を流出させない**ための施策も大切になるからである。

大分県東京事務所の阿部課長はこう語る。

「地域ブランディングで地域の魅力を開発するのも大切ですが、その地域の文化や風土、歴史になじんだものでなければいけません。地域になじまないものは、地元の人に愛されないからです。地域ブランディングはそこに住んでいる人の共感を得るものでなければ駄目なのです。地元の人が地元を誇れるような心理状態でなければ、いくら外から観光客が訪れてくれても、本当のおもてなしができません。もし、地元の人が地元に誇りを持っているならば、こちらから頼まなくても、自分の言葉で地元をＰＲしてくれるはずです」

阿部課長は、地域ブランディングを「**周知・認知→興味→観光誘致→リピート→定住**」というフローで考えている。最初の「周知・認知→興味」は、まさにＰＲ会社の仕事であり、首都圏のメディアとコネクションを持っている強みが発揮される。しかし、「観光誘致→リピート」を経て、「定住」につなげていくためには、地域に対して観光客から好感を持ってもらわなければならない。そのためにも、地元の人が地元に誇りを持っているかどうかが重要なのである。地元の人が観光誘致の施策を心から気に入って、観光客を歓迎する気持ちになっていなければ、本当のおもてなしができない。おもてなしをされなければ、観光客の「リピート」につなが

▲ 街中をただよう湯けむりは、別府ならではの光景

▲ 大分特産のかぼす農家を取材する木暮氏（右）

外からの視点と地元の目線、双方の組み合わせこそ重要

ターゲットが首都圏を中心とした他地域のメディアや生活者となるため、地域ブランディングに外からの目線は欠かせない。一方で、地元の人たちに受け入れられるコンテンツであることも重要。双方をうまく組み合わせていくことはPRパーソンの腕の見せどころ。

ることもない。

　さきほどの「自治体ＰＲ動画」の例でも分かるように、最近ではソーシャルメディアでの拡散が大きな伝播力になっている。しかし、ソーシャルメディアでウケる企画を狙うばかりに、地域の文化や風土、歴史を無視したものになってしまっては地元の人から愛されることはない。そうならないためにも、きちんとした取材やリサーチが必要になってくるのである。

広報・観光以外の部局も自治体ＰＲに関心

　冒頭にも挙げたように、自治体は観光誘致や移住・定住などにつなげていくために自らの魅力を発信していくことが求められている。もっとも、これまで自治体広報は、エリア内の住民に対して行政の施策やイベント情報などを伝えることが主な目的とされてきた。また、知事や市長などによる定例記者会見を実施している自治体は多いものの、積極的にメディアへのＰＲをおこなうことは少なかった。

　観光客を呼び込んで地域を活性化するためには都市部、特に首都圏のメディアに対して取材誘致をかける必要がある。もちろん、各道府県は東京事務所を設けている。ただし、多くの地方自治体は、取材誘致のノウハウを持っておらず、メディア関係者との接触が活発でないのが現状だ。そこで各自治体は民間のPR会社や広告会社と組み、情報発信の強化に乗りだしているのである。

オズマピーアールは、早くから地域ブランディングに力を入れ、実績を積み上げてきたPR会社のひとつだ。地域ブランディングを初めて手がけたのは2004年。「十町十色。南予の町の物語。」をキャッチフレーズに、「パビリオンのない博覧会」として開催された愛媛県の「えひめ町並博2004」のPRをおこなったのが最初だった。担当は、現社長の境信幸氏。「将来にわたって継続できる観光ブランドづくり」を目標に、町並博のイベントPRのみならず、町おこし自体の仕組み、観光振興ビジネスモデルのPRなどもおこなった。結果、期待を大きく上回るメディア露出につながり、会期中の観光客数も目標を達成。この取り組みは日本パブリックリレーションズ協会の「PRアワードグランプリ」[※10]（04年度）でグランプリを受賞し、全国的に注目を集めた。

地方創生の重要性が現在ほど叫ばれていなかったころに地域ブランディング事業を手がけて成功させた経験は、地域ブランディングを強みとする現在のオズマピーアールの礎となっている。

また08年には、石川県にある能登空港の搭乗率アップを目的とした首都圏でのP

※10 優れたコミュニケーション活動（広報・PR活動）を対象にしている日本パブリックリレーションズ協会主催の顕彰制度。「コーポレート・コミュニケーション部門」「マーケティング・コミュニケーション部門」「ソーシャル・コミュニケーション部門」「イノベーション／スキル部門」の4部門に分かれている（2015年度）。

Ｒ事業をおこなった。多くの地方空港は不採算路線として地方財政を圧迫しているが、能登空港も07年に発生した能登半島地震で客足が遠のき、厳しい状況に追い込まれていた。そこでオズマピーアールは、社内に能登情報発信基地を設置。能登の魅力や、空港ターミナルの県合同庁舎、日本初の乗り合いタクシー「ふるさとタクシー」、搭乗率保証制度、台湾とのチャーター便といった県のユニークな空港施策についてメディアに情報提供し、テレビ、新聞、雑誌への露出を獲得した。こちらの取り組みも、「ＰＲアワードグランプリ」（２００８年度）で優秀賞を受賞した。

人気芸能人を起用したケースもある。おいしいカニの産地として知られる鳥取県は、「蟹取県」と〝改名〟して、ＰＲを進めている。オズマピーアールは鳥取県の情報冊子『Ｒｅｔｒｅａｔ（リトリート）鳥取』の表紙と巻頭にＰＵＦＦＹ《パフィー》の大貫亜美さんと吉村由美さんを起用。代表曲のひとつ「渚にまつわるエトセトラ」で「カニ食べ行こう」と歌ったふたりが実際にカニを食べに行く企画が話題となり、観光ＰＲの一環として好評を博した。さらに、「ダイナースクラブ フランス レストランウィーク２０１５」に鳥取産の食材を提供し、東京都内の有名シェフにメニューをつくってもらう企画を実施。そのほか、観光促進プレスツアーを開催するなどの取り組みもおこない、鳥取県をＰＲした。

長年、地域ブランディング事業にかかわってきたオズマピーアールの名和佳夫氏は、「地方自治体にとって、首都圏のメディアにアクセスするのは容易なことではありません。その窓口となり、首都圏のメディアが取り上げやすい形で情報発信していくのが我々の仕事です」と説明する。

また、「そもそも以前は『首都圏のメディアに情報提供をして、観光客を誘致しよう』と発想したり、『民間のPR会社と組んで事業をしよう』と考えたりする自治体関係者は少なかったように思います。しかし、近年になって先進的な知事や東京事務所を経験した職員の影響により、**現場の意識が変わり始めています**」と話す。広報課や観光課などPRに関係するセクションだけではなく、農林水産業や商業などの他部署からもPRを依頼されることが増えたという。〝地方消滅〟への危機感と現場意識の変化が、自治体PRの形を進化させつつあるのだ。

世界に注目される課題先進国・日本から成功例を発信したい

「自治体PR元年」が過ぎ、これからは過当競争になってくることが予想される。ノウハウを蓄えた各自治体、各PR会社は、さらに工夫を凝らした新たな企画を展開してくるはずだ。国内だけではなく、海外からの集客、インバウンドを狙う重要性も増していく。実際に海外にPRを仕掛ける自治体も増えている。地域ブランディングを手がけるPR会社に、より一層の努力が求められることは間違いない。

地域ブランディングは、これからますます必要になってくる仕事のひとつだ。地方が疲弊し、経済的、文化的に衰退していくことが予想されるなかで、どのような魅力を発見し、どのように伝えていくのか。

最近では、社会貢献に興味がある学生が増えているという。そのなかでも注目されているのが「地方創生」[※11]というキーワードだ。衰退していく地方の役に立つ仕事ができるということに魅力を感じる人も多いだろう。地方創生という〝やりがい〟のある取り組みをビジネスとして成立させていく視点は、継続的に地域を活性化させていくためにも欠かせないことである。オズマピーアールの名和氏も、「地域にどんな課題があって、何を目的にし、どこのエリアに住むどんなターゲットの人にどうやって伝えていくのかということを考えながら、戦略的に進めていく必要がある。それができるのが我々だと思っています」と力を込める。

世界に先駆けて人口減少、少子高齢化が進んでいる日本は「課題先進国」とも呼ばれている。その課題をどのように日本が解決していくのか、世界が注目しているといっても過言ではない。海外の自治体が参考にするような地域ブランディングの成功例を数多く生みだしていくことが期待される。

※11　東京一極集中の解消や地域社会の問題の解決、地域における就業機会の創出などによって、日本全体の活力を高めること。第二次安倍内閣が掲げる主要な政策のキーワードとして用いられている。

Chapter – 5

「川崎モデル」でブランド戦略始動
PR発想で誇れる地域をつくる

川崎市

Kawasaki City

×

フルハウス

Fullhouse

7つの区に散らばる広報担当者の声を聞く

地方自治体にブランド戦略の必要性が叫ばれるようになって久しい。「シティプロモーション」「地域ブランディング」といった言葉を耳にする機会は、ここ数年で確実に増えた。少子高齢化に伴い、地域間競争、都市間競争が激化するなかで、その土地の特性や魅力を掘り下げ、「ブランド価値」として発信していくことは、「地域経営」の視点から必須となりつつある。観光・企業誘致、移住促進など〝外需〟の獲得とともに、住民の地域に対する愛着や誇り（＝シビックプライド）※1の醸成といった〝内需〟振興を重点課題に掲げる自治体は少なくない。

神奈川県川崎市は２０１５年４月、総務局秘書部内に「ブランド戦略」の専門部署を新設した。広報紙発行や記者クラブ対応などをおこなう「広報課」や「報道担当」とは別のラインに属する、市長に近い組織だ。

担当係長に就いた広岡真生氏※2は「市長公約や川崎市そのもののＰＲを円滑に回していくこと」と新設部門の役割を説明する。川崎市は、２０１３年に就任した福田紀彦市長のもと、市民と市長が直接対話する車座集会などを積極的に実施してきた。もっとも、そうした場で「川崎市の施策について知っているか」と市民に問いかけると、期待する状況からはほど遠い現状があった。先の市長選の投票率は36・

※1　都市に対する誇りや愛着といった意味。住民が都市を構成する一員であると自覚し、都市をより良い場所にするための取り組みにかかわろうとする当事者意識を指す。

※2
川崎市役所
秘書部ブランド戦略担当
広岡真生
ひろおか・まさお
１９９８年川崎市役所入庁。生活保護ケースワーカー、金融分析、ロケ誘致、生活保護受給者の就労支援などを経て、２０１５年から現職。市長公約や川崎市全体のＰＲが

川崎市職員を対象に広報の基礎をレクチャー

広報紙やウェブサイト担当、各部局や区役所など、広報にかかわる市の職員は多い。広岡氏は「広報・PRこれから会議」と題し、こうした職員を対象にした研修を年間十数回実施している。一方で、現場の状況や課題を知るきっかけにもなっているという。

09%。市政に対する市民の関心の低さを裏づける結果となった。こうした現状を踏まえ、広岡氏は「さまざまな施策を浸透させていくために呼ばれた」と、自身のミッションを分析している。

ブランド戦略担当に着任した広岡氏がまず取りかかったのは、「身内」である市職員への働きかけだ。2008年から川崎市とリテナー契約を結ぶPR会社フルハウスの協力を得て、広報関連の業務にかかわる市職員を対象とした研修を企画した。名づけて「広報・PRこれから会議」。2015年度は計十数回開くスケジュールで、「PRとは」といった概論から、現場の職務で必要なチラシ作成のコツ、ウェブコンテンツのつくり方などをレクチャーしたという。

並行して夏から秋にかけ、広報担当の職員とともに市内7区（川崎区、幸区、中原区、高津区、宮前区、多摩区、麻生区）すべての区役所を訪問した。PR活動でいえば、パブリシティ獲得のためメディアを直接訪ね回って情報を売り込む「キャラバン」[※3]のイメージだ。

「『市役所本庁ではいま、こういうことを仕掛けている。区役所の状況はどうか。現場で課題になっていることは――』といったやり取りを重ねたところ、いろいろな話が出てきました。たとえばウェブサイトの更新業務について。区役所の多くは、ウェブの専任担当者を置く余裕がありません。多くの職員がほかの仕事の合間を縫

主な仕事。3児の父。ダウン症で知的障害のある長男誕生をきっかけに、地域のNPO法人設立に理事としてかかわる。

※3 メディアリレーションズ活動のひとつで、媒体社（メディア）を訪問して商品やサービスを直接説明して回ること。パブリシティ掲載の獲得が目的だが、記者や編集者らと顔見知りになっておく狙いもある。

ってこなしているのが現状でした」と、ヒアリングで浮かび上がった実情を明かす。

現場の課題を踏まえて開いた第2回研修会「チラシの作り方」では、「情報をもっとそぎ落とそう」と指南した。役所の職員はあらゆる方向からのクレームを恐れるあまり、二重三重の予防線を張って情報を盛り込みがちだ。たとえば、子ども向けのイベント告知に駐車場の案内を入れてしまうようなちぐはぐなことが頻繁に起きていた。「伝えるべき内容を取捨選択し、アイキャッチを意識して届く内容にしましょう」と促した。

このほか、広報課や報道担当のメンバーと今後のPRについて話し合うミーティングを頻繁に実施している。フルハウスの三浦宗丈※4・戦略プランニング室長は「市政だよりなど、川崎市が持っているさまざまな広報ツールやリソースを抽出した上で、それぞれどういう役割で、誰に向けて、どれぐらいの露出で、どう活用するか、といったことについて日頃からディスカッションを重ねています。その上で区役所を含めた全体方針を立てて取り組んでいる。7年間携わらせていただいていますが、こうした広報体制は大きく変わったと思います」と、従前からの変化について振り返る。

※4 フルハウス 戦略プランニング室長

三浦宗丈

みうら・むねひろ　2003年フルハウス入社。営業部を経て、2015年戦略プランニング室開設に伴い室長に就任。PRバリューを上げるための情報・コンテンツ開発やクリエイティブサービス領域を担当する。1児の父として、コミュニティデザインや地域活動にも関心を持つ。

現場で奮闘する担当者の「背中を押す」役回り

「外へ打って出る」広報、PR活動に先んじて取り組んだ市役所内部でのコミュニケーション強化の狙いとは――。広岡氏は次のように語る。「川崎市には30ほどの局があり、私が所属する総務局は、さまざまな情報が集まる中枢部門。ただし、質の高い情報は座っていても集まってきません。そこで、各局の事業部に直接出向き、精度の高い生の情報を仕入れるようにしています。また、そういった動きを通じて、各部署に散らばった広報担当者を巻き込んで『チーム』にしていくことも狙っています。足元を固めることなしに、外向けのPRはできませんから」

また、「ブランド戦略」という新設ポジションゆえに、「自分が仕事をするフィールドをつくる必要がある。そのためには仲間を増やさないといけない」という思いもあった。「これは絶対に必要、うまくいくはずだから、とひとりで突っ走るのではなく、ゆっくりでもみんなで進んでいくことに意味がある。大きな組織ではよくあることですが、結局仕組みとして根づかず、いずれゼロに戻ってしまうのだとしたらもったいないですよね。自分の反省も込めて、そう思います」

その一方で、区役所キャラバンなど組織内でのやり取りを密にする過程で、市職員が持つポテンシャルの高さを再確認した。「うちの職員、しっかりやっているな、

▲ 障害者が運営スタッフとしてイベントに参加

▲ 福田市長も仮装し、報道陣のインタビューに応える

「カワサキハロウィン」で障害者の就労サポート

1997年から毎年秋に開催している国内最大級のハロウィンイベント「カワサキハロウィン」では、運営サポートスタッフとして障害者の就労体験を実施している。福田市長も仮装して駆けつけ、報道関係者の前でこうした施策についてアピールした。

というのが率直な感想でした。公務員という立場上、常に高い倫理観が要求されますし、きちっと仕事をする習慣がついている。ただ一方で、彼ら彼女らは臆病でもあります。ちょっと臆病すぎるところを、背中を押すのは僕らの仕事。自信を持っていいよと。特に若い職員には言うようにしています」と語る。

そんな広岡氏の思いや行動について、フルハウスの三浦氏も、「背中を押す役割を自覚して行動されていると外から見ていても感じます。担当者のモチベーションを高め広報マインドを持ってもらうには、背中を押してあげることは大きな意味を持ちますから」と賛同する。**人々の意識を醸成し、広く伝播させていく「リレーションづくり」**は広報、PRの真髄ともいえる。特に、持続性と継続性、中長期的な課題への対応を求められる地方自治体において、組織内で意識を共有できる素地を整えていくことは、施策の立案と実行、その広報、PR活動にあたって必要不可欠なのだろう。

「川崎ならでは」を打ちだすのは難しい

組織の〝基礎固め〟から始まった川崎市のブランディング。では、ブランド戦略を立てるにあたって、肝となる「川崎の魅力」とはなんだろうか。

川崎市は、神奈川県の北東部に位置する政令指定都市で人口約１４７万人。横浜市、多摩川を挟んで東京都に隣接する。市域面積は約１４４平方キロメートルで東西に細長いのが特徴だ。湾岸の埋立地に大規模な重工業地帯を抱える一方で、内陸部の丘陵地には新興住宅地とともに、のどかな田園風景が残っている。鉄道網はＪＲ東海道線・横須賀線のほか５私鉄が市内を横切り、ＪＲ南武線が縦断する。交通利便性の高さから東京のベッドタウンの色が濃い。サッカーＪリーグ「川崎フロンターレ」のホームタウンで、「ドラえもん」で知られるマンガ家、藤子・Ｆ・不二雄の生涯や作品を紹介する「川崎市藤子・Ｆ・不二雄ミュージアム」があり、仮装パレードで盛り上がるハロウィンイベント「カワサキハロウィン」は国内最大規模。パイプオルガンを有する世界水準の音楽ホールや音楽大学２校の存在、１００を超える市民合唱団の活動などから「音楽のまち」をうたい、映像スタジオや多数の映画館があり「映像のまち」としても売り出し中――。

魅力の端緒となる地域資源はさまざまある一方で、**「これが川崎」と、ひとつの素材で言い表しにくい**のが川崎の特徴でもあるのだ。川崎市の都市ブランドを考えるにあたって、広岡氏も「苦労している。そもそもブランディングするのが難しい対象」と明かす。いわゆる観光地型の都市ブランディング――札幌や京都、沖縄・

那覇などは強いメッセージを発信しやすい。お隣には横浜もある。香川のうどん、青森のりんごのように、名産品と組み合わせるのもイメージがぼんやりしてしまう。「川崎は東京のすぐ隣。しかも人口140万人超の政令指定都市。なかなかひとつに特化するのは難しいところがあります。一方でなんでもありますよ、とアピールしても誰の記憶にも残らない」

ひと筋縄ではいかないブランド戦略。特に首都圏都市部、ベッドタウン地区の自治体に共通する悩みともいえよう。結局、議論するなかでたどり着いたのは、「**市民の生活にかかわるメッセージ**をきちんと打ちだしていく」という方針。千葉県流山市を例に挙げ、「『母になるなら、流山市。』というキャッチコピーを掲げている。『子育てを応援します』という、まさに政策をそのままメッセージに込めている。そういったものをつくっていく方向なのだろう」と、広岡氏は話す。

「シビックプライドの醸成」をPR活動の柱に

先に触れたが、2013年10月の川崎市長選の投票率は36・09%。この時、前市長の後継候補を破って初当選した現在の福田市長は、市内のさまざまな文化資源を市外へアピールしていくプロモーションに加え、市民への施策の浸透に努めているという。

ここで、2014年度に川崎市が実施した「都市イメージ調査」の結果を引用したい。「多彩な文化施設」「ホームタウンスポーツ」「産業観光」「音楽のまち」といったキーワード6項目について、市民の実感度が5割を超えたものの、住んでいる街に対する「愛着」「誇り」を測る「シビックプライド指標」は、隣接都市（横浜市4区、東京都2区5市）より低かった。シビックプライド指標は、自分の住む市区町村に対して「愛着」と「誇り」を持っているか、それぞれ3つの質問項目で、1点（全くあてはまらない）から10点（非常にあてはまる）までの幅で評価を尋ね、平均値を得点としたもの。川崎市は「愛着」「誇り」の指標いずれも、隣接都市の得点を下回っていた。

フルハウスの三浦氏は、ここに川崎ブランドの構築につながる課題を見出していた。

「以前『映像のまち・かわさき』事業に携わった際、エンターテインメント的な演出で文化性を発信していきたい、といった相談がありました。その時、川崎でなくてもできそうな内容だと思ってしまったのです。そこで多少はマニアックでも、きちんと『**川崎オリジナル**』を発信しませんかと提案しました。

川崎市は人口が増加傾向にあり、財政面の健全性も高い。恵まれた環境であるにもかかわらず、仕事やレジャーは東京都内、寝るために川崎へ帰ってくる〝川崎都民〟も多く、地元への愛着が促進されづらい面がありました。**川崎に愛着を持てない、誇れないところに課題がある**と考えていました。行政サービスをきちんと情報発信していく、それを都市ブランディングに生かしたい」と語る。以前は、市内外に「音楽」「映像」「スポーツ」といった情報を散漫に発信していたが、ここ数年は、市民の「シビックプライドの醸成」をＰＲ活動の柱に掲げ、他都市と比較して差別優位性のある、キラリと光る政策を掘り起こしているという。

障害者雇用の現状と支援の取り組みを発信

市民生活に関わる政策そのものをアピールし、シビックプライドの醸成にもつながるブランド戦略。その方針のなかで最近、「素材」となったのが障害者の雇用、就労支援だ。市長が**「障害者雇用で日本一を目指す！」**を公約に掲げるなど、障害者の雇用支援に力を入れている川崎市。雑誌「月刊総務」（ウィズワークス刊）の２０１５年11月号では、市長のほか市職員ふたりも誌面に登場し、精神障害者の就労支援策が大々的に紹介された。広岡氏が交流のあった編集者に掲載を打診したところ、「トップインタビュー欄も一緒にどうか」と、「渡りに船」の提案を受けたという。

ダウン症の子を持つ広岡氏。障害者雇用を題材にパブリシティ掲載を仕掛けた裏側には、次のような思いがあった。「障害者雇用というと、知的障害を持つ人がパン焼いてバザーで売る、みたいなイメージはあるかもしれません。企業のなかでどのように働いているのか、働くために何が必要かということは、一般的には知られていない。息子が成人した時の就職先のこともありますが、そもそも世の中でそういう仕事を求めている人たちがいる、ということを知ってもらうというのはとても意味のあることだと思っています」

障害者の雇用、就労支援は全国的な「トレンド」でもある。障害者雇用の促進に向けた法改正に伴い、2016年4月から企業の雇用で障害者への差別禁止、「合理的配慮」の提供――たとえば車いす使用者が作業できるように机の高さを調節する、聴覚・言語障害者との面接は筆談でおこなうなど――が義務づけられる。2018年からは精神障害者の雇用が義務化される。広岡さんは「いま、障害者雇用の業界は『熱い』ということを、多くの方々に感じてもらいたい。最終的にはNHKの情報番組やワールドビジネスサテライト[※5]（WBS、テレビ東京系）なんかで

※5 テレビ東京系で平日深夜に放送されている経済情報番組。「広報会議」編集部が広報担当者向けに実施した調査によると、「取材されたい」テレビ番組の1位に選ばれた（「広報会議」2015年2月号掲載、調査は14年10月～11月に実施）。

取り上げてほしいんです。テレビは波及力が大きいですから。でも、いきなりキー局などで大々的に発信するのは難しいでしょう。まずは業界・専門紙誌[※6]などで組んでもらって、そこから広げていきたい」と語る。段階を踏んだメディアリレーションズで、「障害者」の存在が身近ではない人々にも情報を届け、**世の中の障害者雇用に対する理解を促す**試みだ。

配属希望は福祉関連の部署

「市政だよりのような広報紙で発信するだけでなく、新聞やテレビ、ラジオ、ウェブで取り上げてもらう、第三者の目を通したパブリックリレーションズが必要だと感じている」と、あらためて語る広岡氏。「公務員に求められている仕事は、基本的には制度やなんらかの事業、アウトプットをつくるまでです。だけど、テーマによってはパブリックとリレーションズ、つまり発信までをやらないと次の展開につながらないものもあるのです。もっとも、そこになかなか人を割くことができないことも分かっている。だから、『パブリック』とつなげていくべき事業に『リレーション』のお手伝いをしにいく、そういうつもりで動いています」

※6　業界・専門紙誌で掲載された記事を起点に他メディアの掲載に連鎖していくことは多く、テレビや全国紙での露出につながるケースもある。自社の業界の専門メディアとの関係構築はメディアリレーションズの基本ともされるゆえんだ。

ブランド戦略の担当係長となってわずか数カ月だが、見事に「広報・PRマン」として立ち回っている。その秘密は広岡氏の経歴に隠されていた。

広岡氏はもともと、**福祉の仕事を希望**していた。大学卒業後に入庁、最初に配属されたのが多摩区役所保護課。生活保護のケースワーカーとして実地で研さんを積んだ。その後、収入役室出納課でペイオフ対策の取りまとめなどを担当し、総合企画局自治政策部では住民投票制度の構築や協働型事業のルール策定といった部署横断のプロジェクトを多数経験。立ち上げ準備に奔走した「映像のまち・かわさき」事業については、施策推進担当として小学校での映画製作授業の実施、日本映画大学の誘致などに携わった。当時は映画監督、プロデューサーなどのいわゆる業界人、スポンサー探しで企業人との付き合いが増え、「役所と仕事のやり方があまりに違い、四苦八苦した」という。いまとなっては広報、PR活動の素養を身につける貴重な経験だったといえる。

ブランド戦略担当に着任する直前の3年間は、健康福祉局生活保護・自立支援室で生活保護受給者の就労支援、学習支援に従事。民間の人材派遣会社と連携し、就職支援サポート事業の立ち上げなどに尽力する過程で、ある冊子を発刊した。広報・PRの重要性をはっきり意識したのは、これら生活保護関連の事業立ち上げに際してだった。

生活保護の「ネガティブ」報道に〝反撃〟

冊子「生活保護からの脱却成功体験事例集『支えられて生きる　支えて生きる〜生活保護受給者の自立と、それを支援するということ〜』」（2013年3月、川崎市健康福祉局生活保護・自立支援室発行）は、書店販売こそしていないが、市内の図書館で貸しだすほか、市のウェブサイトで全編を公開している。川崎市の生活保護受給世帯のうち、就労支援が奏功して自立に結びついた5人の体験談を紹介。たとえば、祖母、父親の介護のために仕事を辞めたが、聴覚障害で仕事探しが難航した30代女性、会社を辞めて住み込みの職を転々とするうち野宿するまで困窮した40代男性など。生活保護に対する世間の「ネガティブイメージ」に〝反撃〟するかのように、現場から「成功事例」を発信した格好だ。

「最後のセーフティネット」である生活保護の受給者は、戦後の混乱期に200万人を超えたが、高度経済成長に伴って徐々に減少。しかし、バブル経済の崩壊後、失業者や生活困窮者の増加に伴って急増した。95年度に過去最小を記録した後、再び増加へ転じ、99年度に100万人を突破。米国の投資銀行破綻に端を発する世界同時不況、リーマンショック（2008年）以降は加速度的に増え、2010年度末に200万人を超えた。以降、「過去最多」の更新が続く。

このようななか、生活保護費不正受給の悪質な事例がニュース報道でセンセーショナルに取り上げられ、芸能人の身内の生活保護受給がテレビワイドショーを賑わせたことを覚えている人もいるだろう。インターネット上で誹謗中傷を含む手厳しいコメントも飛び交った。

冊子巻頭の「はじめに」には、以下のような記述がある。

「確かにニュースで取り上げられる事例は、常軌を逸したものが多く、国民の税金が遣われていることを考えると、釈然としないものがある。しかし、それらの批判は実態を現しているのだろうか。本市生活保護受給世帯では、高齢・傷病・障害世帯を除く母子・その他世帯において、働いている者がいる世帯は四三・二%にのぼる。世間一般で語られる、働かずにふらふらしている生活保護受給者というイメージは、必ずしも実情を表してはいない」

生活保護行政の現場をあずかる者として、実態が正確に伝わらないまま、悪いイメージばかり広がる状況を残念に思っていたのだろう。冊子刊行の意図について、広岡氏も次のように語る。

「当時、経済誌で、『生活保護3兆円の衝撃』といった内容の特集が組まれましたが、その中身は受給者に対するバッシングでした。ベンツに乗って保護を受けている、といったものです。実際のところ、健康を害していたり、子どもが小さかったり、働くのが難しいなど、本当に困っていてひっそりと暮らしている人たちが9割以上なのです。そういうなかでも、一定層は一生懸命がんばって自立をしていく。マイナスの物語ばかり世の中に流通しすぎているので、**プラスの物語を仕掛けたかった**」

反響は大きく、マスコミ各紙が取り上げたほか、市外の生活保護受給者から「本を読みたい」という問い合わせもあったという。

書籍刊行を機に「川崎モデル」に注目集まる

その後、就職した生活保護受給者100人の、後輩に向けたメッセージをまとめた冊子を刊行したのち、第3弾として、書籍「現場発！　生活保護自立支援　川崎モデルの実践～多様な就労支援が生きる力を育む～」（2014年10月、川崎市生活保護・自立支援室編、ぎょうせい発行）を出版した。こちらは、生活保護受給者の自立支援業務の現場に焦点を当て、ケースワーカーや支援員の葛藤、関係企業と

生活保護を取り巻くポジティブな取り組みを発信

書籍「現場発！ 生活保護自立支援　川崎モデルの実践～多様な就労支援が生きる力を育む～」では、自立支援に向けた川崎市の取り組みを紹介。福祉事務所のケースワーカーを主人公にしたマンガの作者である柏木ハルコと市の担当部長との対談を収録するなど、読みやすい構成を心がけた。生活保護を取り巻くネガティブな報道が多いなか、あえてポジティブな取り組みを発信し、大きな反響につながった。

の連携、協働などを取り上げた。

巻頭には、生活保護担当の新人ケースワーカーを主人公とした漫画「健康で文化的な最低限度の生活」（小学館、「週刊スピリッツ」連載中）の作者、柏木ハルコと川崎市の担当部長の特別対談も掲載。広く関心を寄せてもらう「フック」としてタイアップ先を探すなか、「漫画家とやってみようかと『ダメ元』で電話をしたところ、二つ返事で快諾いただいた」という。

広岡氏は「生活保護に関することは世の中を一番下からのぞくようなもの。多くの人にとっては関係ない話でしょう。一方、現場に目を向ければ、そこには日常的に人の生き死にがあり、職場の外では決して話せないようなことばかりです。職員はフラストレーションもたまりますし、さまざまな問題も起こります。そうした現状や将来への希望について、どうしたら多くの人たちに知ってもらえるのかについて考え、書籍に行き当たりました」と、刊行に込めた思いを説く。

川崎市の生活保護受給者自立支援の取り組みは、ＮＨＫのローカルニュース番組で扱われ、全国の自治体職員が集まる研修会で講演する機会を得ることにもつながった。以来、「川崎モデル」として注目され、厚生労働省や地方自治体の職員が視察に訪れているという。生活保護は、国にとっても大きな政策課題だ。広岡氏は「ただ現状について危機感を募らせるだけでは何も進みません。受給者を仕事に就けることによって自立につなげていくというモデルは、国もＰＲしたいはず。これは川崎市役所のためだけではなく、全国的な課題として形にする意味があると考えています。**事業をつくって現場を回しながら、それを外に発信することも我々の仕事**」と考えている。

フルハウスの三浦氏も、「戦術的に、このように出せばメディアが取材に来るという工夫だけではなくて、川崎に差別優位性のある事業があって、その価値をきちんと発信できるという確信を広岡さんはお持ちだった。だから、『川崎モデル』という言葉がひとり歩きして取材された。コアモデルがあったことが重要な意味を持っていた」と強調する。

育休を取得して見えてきたもの

冊子、書籍というツールを活用して、生活保護の現場、受給者の自立支援への取り組みを発信する発想と行動力、そして自治体の現場とメディアなど外の視点、双方を意識できる柔軟性は、広岡氏の生い立ちとプライベートが大きく影響している。

広岡氏は5人兄弟の長男。「活字中心の家で、幼いころから本を読むよう教育を受けてきた」ことに加え、大学教授の父親は、学問領域のほか、「男だって子育て」（広岡守穂著・岩波新書）など子ども5人の子育てに関する本を多数執筆してきた。物心ついた時から、「本については親しみを感じていた。大変そうだけども、おもしろそうだなとも思っていた」と言い、書籍出版は身近だった。

一方、広岡氏自身は現在3児の父。二男が生まれた際には育児休暇を取得した。「妻との約束だったので」と笑いながら明かすが、結果的に育休中はさまざまな発見があった。「午前中に地域で活動することが多くなる。買い物でレジに並んだ瞬間、（その時間に男性がいるのは）珍しいからみんな見てくる。朝散歩していると、通勤の人の流れと逆になる。みんなは駅へ、自分は家に向かう。あぁ、こういうことか。この時間、この人たちしか地域にいないのだと。地域ってこういう顔を見せるのだな、という気づきは役所の職員としても貴重な経験になりました。朝職場に向かって、夜帰ってくるという『流れ』に乗っているだけでは、分からないことが色々あると気づかされました」

ダウン症の長男が生まれた後、知的・精神障害者を対象としたNPO法人の設立に参画、その後、NPOの社会福祉法人化にも携った。「（役所の窓口の）カウンター越しでやり取りするのと、自分自身がカウンターの向こう側に立つのとでは関係性が全然違います。反対側から見るとおもしろいし、気づきもある。政策をつくっていく時も、カウンターのなかだけにいては分からないことがたくさんある。ちょっと視点をずらして、親、支援者、NPO、社会福祉法人の立場に立ってみると、見えてくることがいろいろとあります。市職員であると同時に社会の構成員のひとりとして、何がいま大事なのかということが気になります」。公私の好循環で多角的なものの見方を養っているようだ。

「思い」のある人と組みたい

広報業務やブランド戦略のパートナーを選ぶ際、「思いのある人と組みたい」と強調する。「実績は、あるに越したことはないけれど、なくても構わない。それよりも、ある課題に対して『こうしていきたい』という思いを持つ人たちと組まないとうまくいかない」。重要なのは「川崎に一歩踏み込めるかどうか」だ。自身も川崎市民である三浦氏とともに現在、市のブランドメッセージとなるロゴ、コピーの考案に取り組んでいる。三浦氏は、「新たなブランディングの必要性を訴えてきましたが、数年がかりでようやく実現にこぎつけました。当社はテレビに強いことで知られていますが、パブリシティサービスだけではなく、川上の情報開発にも自信を持っています。川崎の来年、再来年がどうであるべきかの企画に携わることに、ワクワクしています」と応える。

ブランディングで川崎市民の愛着、誇りの醸成へ。広岡氏は、「常に**未来につながる**ということを意識しています。高校生から下の世代が社会課題にアプローチするとか、地域への愛着を掘り起こすとかいったことをテーマに、取り組んでみたい」と、パブリックリレーションのみならず、世代間リレーションに意識を向けている。

Chapter – 6

災害科学の研究者とPRの専門家が二人三脚でつくった「防災手帳」

東北大学

Tohoku University

×

博報堂

Hakuhodo

手帳を起点とするコミュニケーションの連鎖

東日本大震災[※1]という未曾有の災害から5年が過ぎようとしているいま、被災地を中心に、ある「手帳」が広まっているのをご存じだろうか。

みんなの防災手帳――。持ち運びやすいA６判のその手帳には、地震や津波だけではなく火山、大雨などあらゆる自然災害を想定し、被災直後から生活を立て直していく時期まで時系列で、何が必要でどのような行動をとれば良いのかについての情報が約１４０ページにわたって分かりやすく整理されている。当初、２０１３年に宮城県多賀城市が全世帯を対象に配布。その実用性の高さに加えて、「震災時にこういうものがあったら助かった」という声が相次いだ。14年には日本テレビの「24時間テレビチャリティー委員会」が寄贈し、岩手県沿岸部12市町村の住民に配布された。すると県内の他地域からも「欲しい」という要望が寄せられ、24時間テレビチャリティー委員会は15年10月から12月にかけて、岩手県内陸部21市町村の住民にも配布。防災手帳は岩手県全域に広がった。

さらに注目すべきは、この手帳が広まっているのは、被災地だけではなく、東北から遠く離れた宮崎県高鍋町などでも広がりをみせている点だ。高鍋町は、大きな地震の際には津波被害が予想される地ということで、住民配布だけではなく、小学

※1　２０１１年3月11日に発生した東北地方太平洋沖地震と、それに伴う津波などによる大規模災害。地震の規模はマグニチュード９・０。死者１万９３３５人、行方不明者２６００人（２０１５年９月１日現在）。

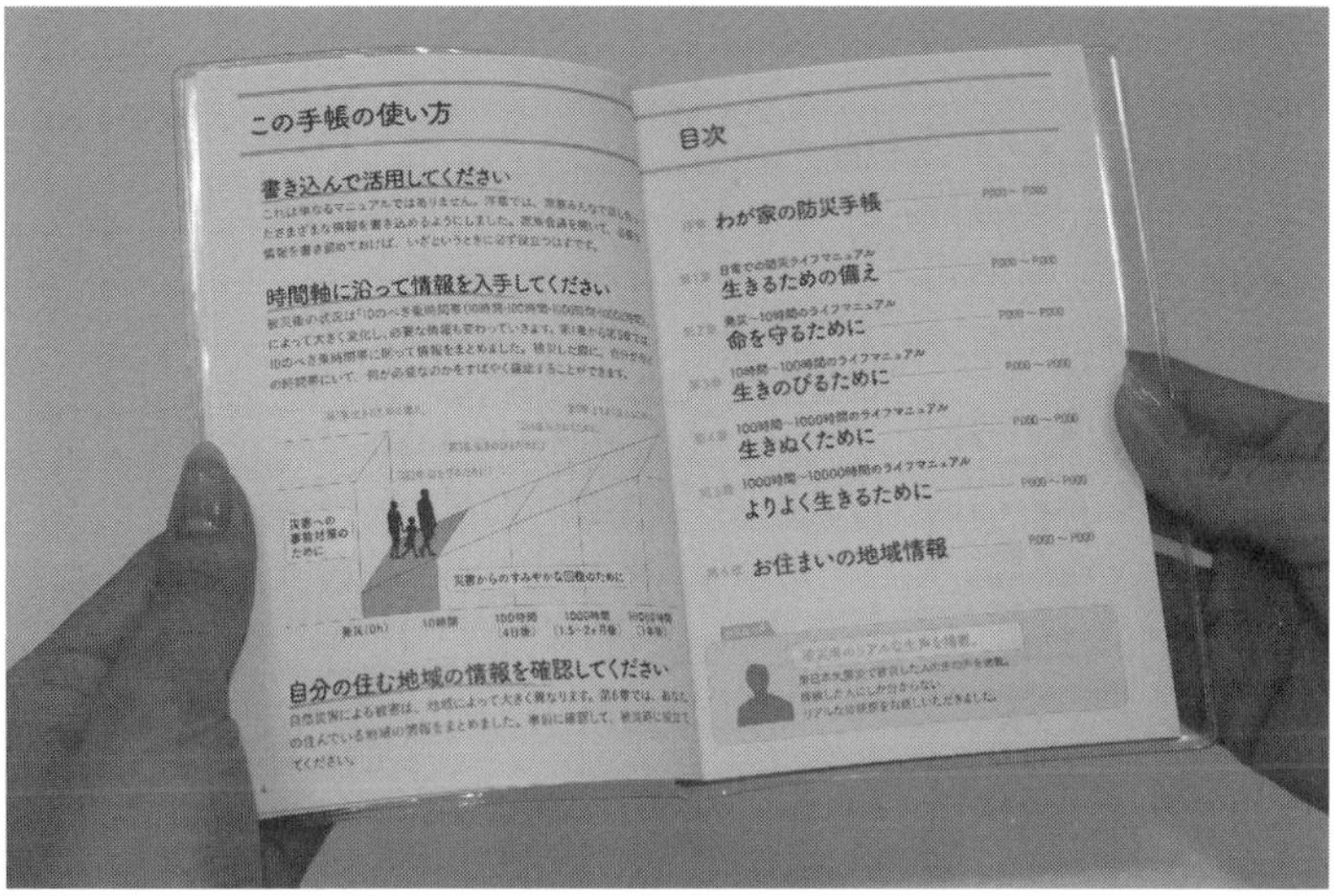

実践的なツールを目指す「みんなの防災手帳」

東日本大震災をはじめ、さまざまな自然災害の研究成果を生かしながら、災害意識の啓発をおこなうとともに、発災後の迅速な復旧・復興につなげるための「実践的なツール」として活用してもらう狙い。汎用性の高い防災対策情報のほか、別冊として各自治体のオリジナル情報をはさみ込んで完成する。

校における防災教育の教材としても使われている。一冊の「手帳」が生みだした「防災」という住民の意識が、遠く離れた地へも広がりをみせているのだ。

実はこの広がりの背景には、テレビメディアの強い後押しがある。といっても、「実用性の高い防災手帳がある」というトピックスを単に番組で紹介してくれたわけではない。「手帳」というものが本来持つ双方向コミュニケーション性に着目し、自ら進んでユニークなコンテンツや紹介方法を考案し、分かりやすく地域住民へ「手帳」の重要性を広めてくれているのだ。

これが単に「防災」の重要性やそのノウハウという情報だけであれば、このような現象は起きていないだろう。さまざまな知識がおさめられ、所有者が外とのつながりを持って更新をしていく「手帳」という形態がゆえ生まれたコミュニケーションといえる。つまり、一冊の「手帳」が住民と行政、住民と住民、そしてメディアと住民というさまざまな**コミュニケーションの連鎖**を引き起こしているのだ。

どうすれば《生きる力》を地域社会に広められるのか

そんなパブリックリレーションズならではという「仕掛け」が張りめぐらされた

「みんなの防災手帳」はなぜ生まれたのか。そもそもこのプロジェクトの呼びかけ人である東北大学災害科学国際研究所所長の今村文彦教授※2によると、すべての始まりは、東日本大震災の被災者1412人を対象にした質問紙による調査、さらに78人に聞き取り調査をおこなったことで、災害を生き延びるために平時から備えておくべき、また育成すべき《生きる力》というものが発見されたことだったという。

「今回大きな被害にあった地域というのは、大地震による津波の常襲地帯で、ほかの地域と比較すれば防災対策をやっているといえたし、実際に良くやっていました。しかし、それが残念ながら足りなかったというところに現実がある。理由はふたつあります。ひとつは、津波の規模が想定をはるかに上回るほど大きかったこと、そしてもうひとつ足りなかったのは、災害を生き延びるための知識や考え方、そして習慣をもっともっと住民の間で話をして育んでいなければいけなかったということでしょう。そこれそが我々が《生きる力》と呼ぶものです」

今村教授たちが震災直後から被災者の調査を始めると、当初はやはり「なぜ防げなかったのか」「ああすればもっと良かったのではないか」という反省ばかりを口にする人が多かったという。いや、それは「後悔」と呼んでもいいかもしれない。しかし、徐々に時間が経過し、災害発生時のことを冷静に振り返っていくことができてくると、人々の発言にも変化が訪れる。反省ばかりではなく「良かった点」も

※2
東北大学 災害科学国際研究所 所長・教授
今村文彦
いまむら・ふみひこ
1989年東北大学大学院工学研究科博士課程修了。助手、助教授を経て、2000年から教授。2014年から災害科学国際研究所所長。東日本大震災の経験と教訓を後世に伝えるために、災害科学の進化と実践的防災学の展開を先導している。「みんなの防災手帳」の企画と作成ではマネジメントリーダーの役割を担う。

浮かび上がってきたのだ。瞬時の状況判断によって多くの人々の命が救われた、考え方を変えたことによって辛い仮設住宅での生活を乗り越えられた、など九死に一生を得た人や、災害時の困難を乗り越えた人々に共通にみられる《生きる力》の存在がおぼろげながらにみえてきたのだ。

それを災害科学・脳科学・心理学・認知科学・情報学などの見地からさらに検証していくと、**「リーダーシップ」「問題解決」「愛他性」「頑固さ」「エチケット」「感情制御」「自己超越」「能動的健康」**の8つがあることが分かった。もちろん、このように災害における人間的側面に光を当てて、体系的にまとめたのは世界で初めてのことだった。

ただ、このような《生きる力》が明らかになると同時に、今村教授たちの前に新たな問題が立ちはだかる。防災においてこれらの《生きる力》を強化していくことは、きわめて重要であることは分かったが、これを地域社会に広めていくすべをどうすればいいのかという問題があるのだ。

「災害科学という大きな枠の中で津波工学などをより深めて実践的な防災学として体系化していくことと同時に、この《生きる力》をしっかりと体系化して、地域で使える防災科学技術に育成していくことがきわめて大切だと考えた時、どうすれば《地域のなかに入れるのか》というのは非常に悩ましい問題でした」

東北大学災害科学国際研究所（仙台市青葉区）

東日本大震災の1年後である2012年に設立された。文系、理系合わせ7部門36分野の研究者が集まり、東日本大震災の被害実態と教訓に基づく実践的防災学の国際研究拠点形成を目指して活動している。

たとえば、今回被災した地域の沿岸部では「津波てんでんこ」[※3]という防災標語がある。これは「津波が来たら、各自ばらばらにでもとにかく急いで高台へ逃げろ」という意味で、これを用いて防災訓練をしていた岩手県釜石市の小・中学生らが周囲の保育園児やお年寄りを助けながら迅速な避難をおこない、ほぼ全員が無事だったことから、全国的にも注目を集めた。

ただ、このような成功例がある一方で、「津波てんでんこ」という防災標語がありながらも、残念ながらそのとおりの行動がとられなかった地域があるのも事実だ。また、このような防災標語が口伝えで全国的な広がりをみせているかといえば、必ずしもそうとは言い難い。

「口伝というものは非常に重要で、地域独自の情報も含まれている。文化的伝承も含めて、そのような口伝も続けていなければいけませんが、《生きる力》はさらに**地域社会のなかに入り込む必要がある**。もっと身近で現代社会ならではという新しいツールが必要になる。そう考えて、かねてからお付き合いのあった博報堂さんに相談をしたのです」

※3 「てんでんこ」とは「各自」「めいめい」の意味。この教訓に基づき、津波からの避難訓練を8年間重ねてきた岩手県釜石市内の小中学校では、東日本大震災発生後、全児童・生徒計約3000人が即座に避難。生存率99・8％という素晴らしい成果を挙げて「釜石の奇跡」と呼ばれた。

「母子手帳」からヒントを得る

こうして、今村教授らからコミュニケーションという課題を知らされた博報堂PR戦略局の小林由夏氏[※4]が、持ち帰った後に提案をしたのが「災害」と地域住民が深いリレーションを築くための「手帳」というアイデアだった。小林氏は言う。

「今村教授たちのお話を伺ってまず頭に浮かんだのが、母子手帳[※5]だったのです。生まれた子どもと母親の関係をつくっているだけではなく、それを文化として社会に根底に根付かせて、出生率の高さや、子どもの生きながらえを促進させている。アナロジーとして非常に優れていて、世界でも注目される**日本発の文化である母子手帳**。これを災害と被災者の関係に置き換えてみたのです」

母子手帳、正式名称「母子健康手帳」は懐妊した女性に、住んでいる自治体から無償で配布されるもので、母親の妊娠期から出産、そして小学校入学までの子どもの健康データを手のひらサイズの薄い1冊に記入していくもので、70年以上の歴史を誇り、日本が発明した独自の制度だ。

前身の「妊産婦手帳」は太平洋戦争下の1942年（昭和17年）7月13日。そう聞くと、産めよ増やせよという富国強兵の国策のイメージが強いが、実は母子の健康を守るためにつくられた。当時の出産というものはかなりリスクが高く、分娩直

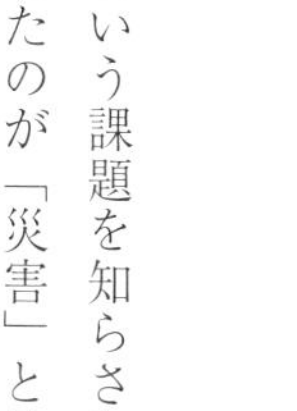

※4 博報堂 PR戦略局
小林由夏
こばやし・ゆか
企業や行政・大学などの多様なクライアントに対し、情報戦略・CSR・危機管理広報などの幅広い領域においてコンサルテーションを行う。

※5 正式には「母子健康手帳」といい、市町村ごとに交付する。内容は、全国的に共通している部分と、市区町村の任意で書かれる部分とがある。

前に助産婦を頼む程度で、医師の定期的な診察を受けることも少なかった。死産はドイツの2・5倍で流産も多かった。そこで「手帳」というコミュニケーションツールで、行政や医師と密な関係を築くと同時に、「妊娠したら何をすべきか」という適切な情報を届けることができたのだ。

戦後、児童福祉法により母と乳幼児の保健指導を重視した「母子手帳」となり、1966年から現在の「母子健康手帳」と時代により合った形に進化していくにつれ、実際に日本の乳幼児死亡率は下がっていった。そして世界でもっとも低いグループの一員になり、国際社会でもこの母子と社会をつなぐコミュニケーションツールが高く評価された。タイ、バングラデシュ、ベトナムなど日本を「お手本」に導入されたほか、2006年には国際協力機構（JICA）とパレスチナ自治政府保健庁などが連携し、初めてのアラビア語版母子手帳が誕生。妊婦が危険にさらされる紛争地帯や途上国にも普及して「命のパスポート」と呼ばれている。命をつなぐ1冊の手帳。そんなイメージが小林氏の頭のなかで、今村教授の語る《生きる力》と結びついたのである。

ちなみに、73年前に「母子手帳」を初めて考案した瀬木三雄医師[※6]（産婦人科）は、後にがんの疫学で世界的権威になっているのだが、その時に東北大学医学部公衆衛生学の初代教授となっている。その東北大学で再び、新たな「手帳」を生みだす。

※6　日本の医学博士（1908年〜82年）。旧厚生省の初代母子衛生課長として母子健康手帳を創設した。

これも何かの縁かもしれない、と小林氏は思ったという。

災害を体験していない人の視点を取り込む

《生きる力》を強化するために、「防災手帳」をつくる。そんな提案を受けた今村教授は「いままで思いや言葉でしかなかったものが博報堂との連携で形となったという感じ」ですぐに採用を決めた。

「復興の後にどうやって新しい仕事を探すのかなど具体的な方法などを入れて、ある意味で災害との関係を築くツールをつくりたいと思いました。懐妊したら自治体から配布され、自分たちで記入する母子手帳のように、住民になったら配布され、家族で自分たちの情報を書き込んでいく」（今村教授）

今村教授ら研究者の「思い」が、博報堂というコミュニケーションの専門家によって「手帳」という方向性が見出される。後に全国へ広がっていく「コミュニケーションの連鎖」というのが、実はすでにこの段階で始まっていたのだ。今村教授ら東北大学のメンバーも、博報堂の小林氏も気づくことはなかったが、ともに「手帳」をつくり上げていく過程で、徐々にそのことに気づくことになる。なぜかというと、実はこの「手帳」をつくる作業自体がすでにコミュニケーションによって《生きる力》をめぐる理解を深めることになっていたのだ。

たとえば、手帳のおおまかな構成が決まってから、具体的に細かいコンテンツをつくったのは博報堂の制作チームなのだが、彼らに東北大学はあえて詳細な解説をおこなわず、専門的な資料も渡さなかったという。広告会社やPR会社に限らず、監修者とともに制作物をつくっていく場合、事前に細かい打ち合わせをおこない、ラフスケッチを描いて監修者の合意を得た上で作業を進めていくのがセオリーだ。そういう手法ではなく、制作側が「想像」で誌面をつくっていくというのは一見すると、「直し」の回数が増えて、非効率なことこの上ない。にもかかわらず、東北大学がこのような手法をとったのはなぜか。今村教授とともに《生きる力》の調査から「手帳」の制作までプロジェクトに携わった佐藤翔輔助教※7はこのプロセスの意味を明かす。

「今回のもっとも大きな狙いは、震災を体験した人はもちろんのこと、これまで災害を経験したことのない人にも《生きる力》を育んでいただくことです。そのため、**災害を体験していない人々の視点**というものがきわめて重要になります。そこを博報堂さんに期待しました」

※7 東北大学 災害科学国際研究所 助教

佐藤翔輔

さとう・しょうすけ　２０１１年3月、京都大学大学院情報学研究科博士後期課程修了。同年4月、東北大学大学院工学研究科附属災害制御研究センター助教。改組に伴い12年から現職。災害情報、災害復興、災害伝承、啓発・広報に関する研究に従事する。今も東日本大震災被災地の現場に通い続けて地道で実践的な研究をおこなう。

地震時にテーブルの脚をつかむのは常識⁉

最初から専門家が、「災害というのはこういうものです」という情報を与えてつくられた制作物は、時間をかけずに専門的な知識をおさめることができる。しかし、それはあくまで「専門家の視点」にすぎない。「みんなの防災手帳」として住民の《生きる力》を伸ばしていくためには、「一般の方、まだ被災していない方の視点」を「専門家の知識」でカバーをするということが必要だと考えた東北大学は、〝生活者発想〟を掲げる博報堂にその「生活者の視点」を求めたというわけだ。

「事前に解説を渡さず、博報堂さんが《こうかも》とご提案していただいたものに対して、こちらから《こうじゃないでしょうか》とコメントをする。必要とあれば、詳細な資料をお渡しする。それを読んでいただくことで制作の方もより深い理解が得られるので、我々が想像していたものよりも分かりやすいページになる。災害を体験していない人たちの《こうであろう》という考えが浮かび上がり、《生きる力》を伸ばすという点でも重要な視点をいくつも手帳に入れ込むことができました」（佐藤助教）

とはいえ、博報堂側からすればかなりのチャレンジだったのは事実だ。太平洋プレートの沈み込み、「大雨」というのはそもそも何を指すのか。津波にはどのような種類があるのかなどなど……専門家の知識がなければなかなか生活者へ伝えることが難しいものを、まさに手探り状態で「形」にして示さなくてはいけない。そこでようやく得られるコメントも資料も難解で、ゼロベースで学ぶしかない。小林氏は同期の岡田正己氏、秋山崇一氏と何度も議論を重ねたという。

「とにかく、先生たちからいただく資料も難しい。それを読んで理解をするだけでも時間がかかるのですが、それが逆に理解を深めたのではないかと思います。専門家のみなさんは非常に細かいところまで説明をされたがりますが、我々の仕事は、いかに**長い話を短く分かりやすくする**のか。そういう意味でも、分かりやすく訴求するポイントを絞ることができました」（小林氏）

たとえば、地震発生直後のページに、家屋内にいた際に落下物から身を守るためにテーブルの下にもぐるというアクションが紹介されている。東北大学側から特に説明もないので、博報堂としては「テーブルの下に身をかがめてもぐり込む人物」のイラストをつくってきたのだが、これが今村教授など専門家からすれば興味深いものとなった。大きな震度の揺れでは家具は大きく動き、それによってけがをすることも多い。テーブルもしかりで、下にもぐり込む際にも「テーブルの脚」をつかんでいなければ、逆に危険なこともある。今村教授や佐藤助教のように、災害の現場を多く見てきた人々からすれば常識だが、「被災したことのない生活者」からすれば、これは驚くべきポイントだった。
そこでイラストでもテーブルの脚をしっかりと掴んでいることを強調、さらに文字でも「脚をしっかり持ってください」と呼びかけた。事前に解説を受けていたらこのような誌面は生まれない。まさしく知識ゼロからのコミュニケーションによって生まれた《気づき》といえよう。

被災者と自治体職員による「地域の視点」を反映

このような「生活者の目線」に加えて、プロジェクトチームがこだわったのが「地域の視点」だ。この手帳は第1弾として、宮城県多賀城市と宮崎県高鍋町で配布することが決まっていたのだが、そこで大きな役割を果たしたのが、多賀城市出身者であり、自宅も市内にある東北博報堂の佐藤雄一氏[※8]だ。東日本大震災では自身も被災者となり、その時に感じた不便さ、辛い体験、「こういうことが分かっていれば」という視点が随所に生かされているのだ。

たとえば、手帳には紙幣が破れた場合、どのように交換ができるかというかなり実践的な情報に代表されるように、災害発生から避難所生活、そして生活の自立ま

※8 **東北博報堂 MD戦略局 プロデューサー**
佐藤雄一
さとう・ゆういち
東日本大震災を機に震災復興関連事業を担当。「みんなの防災手帳」の東北エリアでの配布及び各市町村への啓発活動に携わる。

で、時系列で「何をすべきか」ということが事細かにおさめられているのだが、そこには実際の被災者である佐藤氏の「本当に困った」という経験が土台になっている。

「この手帳には、配布される地域のハザードマップを差し込むことができるのですが、震災の時に実際にどこまで水が押し寄せたかなど、すべては把握していません。それを地域の住民の方たちも協力いただき、修正しました。また、多賀城市としては震災の時に防災無線が壊れてしまったことが反省点だったので、それをしっかりと意識した内容にしてもらいました」

そして、この手帳が特徴的なのは、そのような被災者目線はもちろんのこと、彼らを支える自治体職員側の視点も加えられていることだ。それは佐藤助教が新潟県に住んでいた時、新潟県中越地震[※9]が発生し、ボランティアとして役所で窓口業務を手伝った経験が大きいという。

「実際に窓口に立って分かったのは、基本的に住民のみなさんから聞かれることは同じだということなんですね。それが電話や窓口で何百件も寄せられて、その説明をするために行政職員の仕事がストップするという現場を目の当たりにしました。行政職員も被災者であり、初めて体験をすることばかりで指針がない。だからみなさんが聞きたいことをこの手帳に羅列しておけば、行政の効率が良くなり、復

※9　2004年10月23日に発生した、新潟県中越地方を震源とする地震。地震の規模はマグニチュード6・8。震源直上の新潟県川口町（現長岡市）で最大震度7を観測し、同県で68人が死亡した。

興にもプラスになる」（佐藤助教）

こうした住民の声を生かすため、時系列を追う構成となった。震災直後から10時間は「地震や津波から身を守る方法」、そして10～100時間（＝約4日間）は主にけがの応急手当てや簡易トイレのつくり方、そして「100～1000時間（＝約1カ月半）は避難所での過ごし方や心のケア、そして1万時間（＝約1年2カ月）では、罹災（りさい）証明書[※10]の申請や生活資金の確保などが分かりやすく並んでいる。これは被災者の《生きる力》の強化とともに、役所の仕事を減らす効果もあるというわけだ。

さらに、「地域の視点」ということで今村教授らがこだわったのが、「過去の災害記録」だ。たとえば、多賀城市版の手帳には、869年に発生した地震から現代にいたるまで、地震だけではなく、豪雨による水害被害などが記載されている。

「マルチハザード対応ということを非常に強く意識しました。東日本大震災の後なので、どうしても津波対策の意識が強くなりますが、災害というのは雨や洪水もある。そこで起こることやアクションはそんなに変わりませんが、**自分がどのような地域に住んでいるのか**という原点を知るということは《生きる力》にも直結してくる。だから過去の災害も入れているのです」

※10　火災・風水害・地震などで被災した家屋や事業所などの被害の程度を証明する書類。市町村が現地調査をおこない発行する。被災者生活再建支援金や義援金などの給付を受けたり、損害保険の請求などをおこなう際に必要となる。

被災者だからこそ、自信を持ってこの手帳を勧められる

このようなコンテンツへの強いこだわりだけではなく、「読み手」に対する細かい心遣いもある。「みんなの防災手帳」の表紙の色には緑、中に関しては前半がオレンジ、後半は緑が用いられている。世界的に緑は「安全」、オレンジは目立つことから「緊急」を示すということなっており、生き残ることがメインの前半はオレンジを使い、生き抜いて生活を立て直すページは緑としているのだが、実はこれはともに「温かみ」を感じる色とされている。この手帳を携帯すること、あるいはめくることで、**不安を少しでも和らげて欲しい**という願いが込められているのだ。また、各ページの見出しは「暑さ・寒さをしのごう」などとすべて読み手に呼びける言葉で統一した。孤独や不安に苛まれている人々への語りかけで、少しでも心のケアになるよう配慮した。

こうしておよそ1年の制作期間を経て、でき上がった「みんなの防災手帳」は多賀城市と高鍋町の住民に配布されるや、瞬く間に「震災の時に知りたかったことがすべて網羅されている」などと高い評価を得た。なかでもプロジェクトメンバーがうれしかったのは、震災で九死に一生を得た人や、かなり深刻な状況を経験した人になればなるほど「必要なことはまさにこういうことだ」と高く評価する傾向があ

ったことだ。多賀城市民でもある東北博報堂の佐藤雄一氏も言う。

「私も被災する前に想像していた以上に大変なことの連続で、役所の窓口での手続きなど知らなかったために苦労したことが多い。その経験が込められている。被災者だからこそ、自信を持ってこの手帳を勧められるというところはあります」

もちろん、評価のなかには「こういう情報も欲しい」という意見もあり、次に生かされた。ただ、そのような要望のなかでも残念ながら、決して応じることができないものもある。たとえば「大きさ（判型）」だ。

「文字はかなり見やすくしたつもりですが、地元の方などからは、お年寄りが読めないのでもっと文字や絵を大きくしてA4サイズにしてはという意見もいただきました。ただ、それではマニュアルになってしまう。やはり私たちは手帳というサイズと形に意味があると思っているので、大きさは譲ることはできませんでした」（今村教授）

防災マニュアルでは、家の本棚に置かれてホコリをかぶってしまうし、非常持出袋や貴重品などと一緒に持ちだすのも困難だが、手帳であれば有事の際にはポケットにつっ込んで逃げられる。文字も大切だが、この大きさに意味があるのだ。

「スイスは国民に防衛マニュアルを配布しますが、これはものすごく分厚い。このように**携帯する手帳という防災対策は世界のどこにもない**。そういう意味では、災害大国日本から世界へ発信できるものかもしれません」

防災手帳を起点にした「家族会議」がテレビで放送

このようなさまざまな反応のなかで、プロジェクトメンバーが驚いたのはメディアの反応である。想像していた以上に積極的、かつ自発的に手帳の普及に協力をしてくれたのだ。ニュースとして紹介してくれるだけではなく、NHK宮崎放送局は自ら主催者として、「使い方講座」や小学校で児童同士が手帳を用いた模擬家族会議をおこなうワークショップを開催。その様子を2日に1度のペースでオンエアしてくれたのだ。

「この手帳は、発生から10のべき乗時間（10時間、100時間、1000時間……）ごとにやるべきことが分かりやすく書いてありますが、その時に家族内で決めたルールなども書き込めるというのも特徴。**この手帳で日ごろから家族会議を開く**ことが非常に効果的。それを伝えるためには、こういう番組のスタイルがいいとテレビ局のみなさんが考えてくれたのです」（今村教授）

これがもしも単なる「防災マニュアル」であれば、こういうスタイルでの紹介で

防災・減災意識を高めるために取り組む

「みんなの防災手帳」が全世帯に配布された宮城県多賀城市で、防災手帳の使い方を説明する今村教授（写真上）と、学生向けに《生きる力》を養うためのワークショップを行う佐藤助教(下)。防災手帳を起点に、各地でコミュニケーションの連鎖が生まれている。

はなかっただろう。「防災マニュアルがあるので活用しましょう」という視聴者への呼びかけで十分だからだ。メディア側が「手帳」というコミュニケーションツールの利点を理解したことで、これを視聴者にどうすれば伝わるのかという課題が浮かび上がり、それを実現する方法が採られたのである。つまり、ここでも「手帳」を中心に**新たなコミュニケーションが回り始めた**のである。

その後、手帳は岩手県沿岸部12市町村にも配布されることとなったが、やはり同じ現象がみられた。テレビ岩手でも、局アナや局の営業マンが出演して疑似家族が「防災手帳」を用いた家族会議を開催し、その様子がオンエアされたのである。ちなみに、今村教授も「解説者」という役割で出演している。

「放送後はすごい反響で、内陸部の視聴者から《うちの自治体にはないのか》とそれぞれの役所に問い合わせが殺到したそうです。あまりの反響に現地でワークショップを急遽開催することになったほどです。それを受けて内陸部での配布が決定。翌年にはその告知とともに24時間テレビにも取り上げていただきました」（佐藤助教）

このようなコミュニケーションの循環が活性化することで、新たな《生きる力》も浮かび上がってきた。「手帳」に対する理解はやはり子どもと大人では若干異なる。ということは、子どもと大人の《生きる力》は違うのではないか。そんな仮説のもとでワークショップをすると、やはり子どもならではの特徴がみえてきた。

「震災でも中学生くらいになると、お年寄りや体の不自由な人を助けたり、情報を集めて共有したり、大人以上の活躍をみせている。高校生にもなれば体力もあるし、すばしっこさもある」（佐藤助教）

このような《子どもの生きる力》をまとめたのが、「ぼくのわたしの防災手帳（こども版防災手帳）」。これを教材にした防災教育や、模擬家族会議ワークショップなども始まった。

母子手帳、生徒手帳と並ぶ存在に

コミュニケーションツールとして大きな成功をおさめている「みんなの防災手帳」だが、今村教授をはじめとするプロジェクトメンバーは決して満足した様子はない。

「とりあえずお手元に届けることはできたが、その活用はまだまだ工夫が必要。たとえば、防災訓練に参加したらハンコを押して改善点をチェックするとか行政と住民のインタラクティブなやりとりもできるようにしたい。役所と母子の関係は母子手帳を軸に回っている。目指すはそこです」（今村教授）

やはり当初の考えどおり、母子手帳に並ぶ存在になるということだが、実は今村教授がもうひとつ意識している「手帳」がある。

「これは私の希望ですが、我々の防災手帳を生徒手帳に差し込んで常に持ち歩いてもらえるようにしたい。母子手帳が命を育み、生徒手帳が学びと成長を促すとすれば、**困難に対する生き抜く力を強化する防災手帳**も入れていただきたいですね」

教育現場ではさまざまな意見もあるが、生徒手帳も母子手帳同様に日本独自で生み出したツールだ。そこに防災手帳も加わり、「三大手帳」として世界に発信したい——。そんな壮大な目標を掲げるのは、博報堂の小林氏だ。

「もちろん、海外では社会状況が行政サービスも違うので難しいところもありますが、たとえば日本にやってきている外国人向けに英語版や中国語版の手帳があってもいい。都市部で暮らす外国人が災害に巻き込まれた時、どうやってコミュニケーションをとるかは大きな問題ですから。あと出張族のための防災手帳があってもいい。もし出張先で被災をした場合どうするのかというのは私自身も心配です。現行版の見直しも含めて、まだ手をつける場所がたくさんあります」

一冊の手帳が生みだしたコミュニケーションの連鎖はさらに続いていきそうだ。「みんなの防災手帳」が日本の三大手帳のひとつとして海外から注目を集める日も近いかもしれない。

Chapter − 7

「ＰＲドリブン経営」で日本に新たな市場を切り開く

コンカー

Concur Japan

×

井之上パブリックリレーションズ

Inoue Public Relations

ＰＲを組織運営の根幹に置く稀有なリーダー

「広報の仕掛け人」は、何も組織の広報担当者やＰＲ会社だけにいるものではない。「ＰＲ」という視点を重要視し、経営や運営に活用しているリーダーもわずかながら存在している。

そういうと、「わずか」という言葉に引っかかる人もいるだろう。たしかに、企業を「人間」に見立てると、リーダーというのは「頭」であり、そこには広報機能を担う「口」があってしかるべき。つまり、リーダーに「ＰＲ」の視点は必要不可欠だ、と経営の教科書などには述べられているからだ。ただ、それはあくまで「理想論」にすぎない。広報部門が総務などの管理部門やマーケティング部門に属することが多いという現実が示すように、日本企業の多くが「経営」と「ＰＲ」を切り分けて考えている。

このような「常識」にとらわれることなく、「ＰＲ」を組織運営の根幹に置き、なおかつそれで大きな成功を手にしているリーダーとなると、もはや一握りしかいない。コンカー代表取締役社長の三村真宗氏※1は、そんな稀有な経営者のひとりだ。

コンカーは、経費・出張管理サービスの草分け的存在として全世界で3万２０００社、フォーチュン５００企業の61％がシステムを採用している米コンカーテクノロ

※1
コンカー
代表取締役社長
三村真宗
みむら・まさむね
１９９3年4月、日本法人の創業メンバーとしてＳＡＰジャパンに入社。戦略製品事業バイスプレジデントなどを歴任。２００６年、マッキンゼー・アンド・カンパニー、09年ベタープレイス・ジャパンのシニア・バイスプレジデントを経て、２０１１年10月から現職。趣味は読書とゴルフ。信条は「意志あるところに道は開ける」。

ジーズの日本法人で、国内の経費精算クラウドサービスでは53％のシェアを獲得。ファーストリテイリング、野村證券、ＬＩＸＩＬ、三井物産など各業種のトップ企業が続々と導入を進めており、産業界でも熱い視線を集めている。それを象徴するのが、２０１５年８月に放映された「ワールドビジネスサテライト」[※2]（ＷＢＳ、テレビ東京系）だ。「さらば〝領収書の手貼り〟」という約９分の特集でコンカーを取り上げ、領収書の手貼りや保管費用が企業にとって大きな負担になっている実態や、スマートフォン（スマホ）のカメラ機能による領収書の電子化を実現する規制緩和に向けたコンカーのガバメントリレーションズ[※3]活動を紹介したのだ。

そのようなメディアの取り上げ方を耳にすると、世界シェアを誇るグローバル企業が鳴り物入りで日本市場に参入し、急成長をしているような印象をうけるかもしれないが、それは誤りだ。コンカー日本法人が設立された２０１１年当時は、「コンカー」の知名度もゼロに等しく、社員も三村社長を除けばわずか２人。いかにグローバルでの実績やクラウドでの優位性があったとはいえ、わずか４年足らずで、国の規制緩和にまで影響を与えるような地位までのぼりつめることは容易ではない。実は、コンカーがここまで着実に成長できた背景には、三村社長が日本法人設立当初より掲げていた「**ＰＲドリブン経営**」（ＰＲを起点にした経営モデル）があるからだ。

※2　１１７ページ参照。

※3　組織がその事業目的を達成するために、政府や行政との関係を構築し、情報収集、ロビー活動やセミナー・討論会など、メディアリレーションズも含めて幅広くおこなう活動。

プレス発表の時期を決めてから提携交渉

その経営モデルを象徴するのが、向こう9カ月を見据えた活動計画だ。コンカーの事業で中核をなす4つの要素がどのような動きをしていくのかを詳細に詰めたものだというが、その4つとは、製品リリース、パートナーシップ、マーケティング、そして、パブリックリレーションズ、つまり「PR」だ。驚くのは「営業」の指標がないことだろう。

「営業というのは結果指標だと思っています。経営者が意思決定をする上で考慮するマーケティングの比率は、とても重要です。PRとともに経営戦略に幅を持たせてくれる。一般的には、新製品や新機能のリリースに合わせて記者会見や製品発表イベントを企画する企業が多いと思うのですが、私たちは逆に**この時期までには報道発表したい**ので、ここまでに日本市場向け機能の開発をお願いしたいと本社トップと交渉をします。企業同士との提携も同様で、まずは発表の時期を決めてから提携交渉に入ります。PRが経営戦略のスケジューラーのように自然に組み込まれ、活動がおこなわれているのです」（三村社長）

理念としては、PRの重要さを理解している経営者は多いだろう。しかし、他の経営者と三村社長が大きく異なっているのは、それを誰よりも率先し、取り組み「体

ワールドビジネスサテライト（WBS）のカメラが潜入

日本文書情報マネジメント協会（JIIMA）の高橋通彦理事長とコンカーの三村社長とのミーティング（2015年7月）。8月のワールドビジネスサテライト（WBS）で特集された「さらば“領収書の手貼り”」のワンシーンとして撮影された。

現」している点にある。たとえば、コンカーでは毎月、「PR戦略会議」を開催しているのだが、三村社長は必ず参加する。マーケティング部長とともに、潜在的なPRトピックスの洗いだし、ニュースリリースやイベントの共有、さらには中長期的な視点からどのようにPRで範囲を広げ、展開していくのかをディスカッションしている。

また、人材採用にもPRの要素を取り入れている。三村社長は「コンカーを職場に選ぶ理由」というエージェント向けのPRキットを作成。Great Place to Work Institute[※4]が発表する「働きがいのある会社」ランキングでベストカンパニー賞を受賞していること、グッドデザイン賞がコンカーの製品やビジネスモデルを評価していること、社員家族を含めた交流・親睦を深める文化部の活動など、コンカーの魅力を18項目にわたって資料化。コンカーへの転職検討者に本キットを提供するなどの活動をおこなうことで、中途採用の応募者が急増。現在では**応募の倍率が35倍にも上る**という超人気企業となった。

「当社を志望する方の多くが私のフェイスブックをチェックします。私自身がコンカーの働きがいや、社内イベントなどの様子をこまめに発信しながら、ニュースや業界動向への意見を投稿することで私自身の人柄や考え方を少しでも分かってもらいたいとの配慮もあります」（三村社長）

※4 「働きがい」に関する調査・分析を行い、一定の水準に達していると認められた会社や組織を有力なメディアで発表する活動を世界49カ国以上で実施している専門機関。発祥の米国では毎年1月に「フォーチュン」誌を通じて発表している。

PR会社は経営機能の一部

だが、何よりもコンカーの「PRドリブン経営」を象徴するのが、圧倒的なニュースリリースの多さである。ほぼ毎月のように「事業提携」や「導入事例」「市場調査の結果発表と考察」などをリリースしているが、コンカーの特徴はニュースリリースのコンテンツづくり自体が業務のなかに組み込まれていることだろう。

「コンカーをお買い上げいただく際に必ずといっていいほど値引き交渉がおこなわれます。そこでお客さまの要望を受け入れる際は、値引きをする代わりに事例として報道向けに発表をさせて欲しいと交渉し、**契約の段階でニュースリリースの許諾をいただきます**。また月に1度、社内の主要メンバーと事例の進捗を確認する会議を開催したり、事例企業を多くつくった社員を表彰するなど、PRに活用できるコンテンツを『自然栽培』的に生みだすサイクルができ上がっています。お客さま企業でシステム導入を検討する場合、同じ業界や競合他社などの導入事例が増えてくると、『では我々も検討してみようか』と検討に上るケースが多い」(三村社長)

実際にこの事例PRがコンカーの成長を支えている。野村證券、ファーストリテイリング、三井物産などの導入事例を発表するたび、問い合わせが増え、案件が動きだし、契約が右肩上がりで増えていく。

そんな三村社長の「PRドリブン経営」を、間近にみてきたPRの専門家がいる。井之上パブリックリレーションズ（井之上PR）アカウントサービス本部戦略企画部の横田和明副部長だ。[※5] コンカー設立当初からPR面のサポートをおこない、先の「PR戦略会議」にも参加している横田氏は言う。

「これまで私も多くの案件を経験してきましたが、コンカーのようにここまで経営にPRが組み込まれている会社は決して多くありません。また、三村社長のようにここまで明確なPR視点を持つトップともなるともっと少ない。このような方たちと一緒に仕事ができるというのは非常にエキサイティングですね」

彼が喜びを隠せないのも無理はない。PR会社は企業の「広報」や「マーケティング」などの部署が窓口となり、ともに広報課題の解決を目指すことが一般的だ。経営トップとじかに接することがあっても、あくまで会見やインタビューで「どのように語るべきか」などのテクニック面でのアドバイスが多く、「経営」に直接タッチすることは珍しい。しかし、横田氏は「経営」にかかわるどころか、社長の「参謀」という立場となっている。まさにPRパーソン冥利に尽きるというわけだ。

「PRドリブン経営において、『PRのプロ』の視点は必要不可欠ですが、社内にそれを持つことはなかなかできません。それを井之上PRさんに担ってもらっているという認識ですね。横田さんをはじめ主要メンバーには経営のコアに近い情報も

※5
井之上パブリックリレーションズ アカウントサービス本部 戦略企画部 副部長

横田和明

よこた・かずあき
旭化成ホームズで住宅営業に携わったのち、2011年井之上パブリックリレーションズ入社。クライアントのPRコンサルテーションのほか、自社の広報から社員研修の企画まで担当する。PRへの関心は、早稲田大学在学中に同社の井之上喬社長の講義を受けたことがきっかけ。大の「ドラえもん」と「三国志」好き。

お渡ししていますので、もはや我々にとって**経営機能の一部**です」（三村社長）

では三村社長は、これまで実際にどのように「ＰＲ」を「経営」に組み込んできたのか。

緻密な戦略で日経「本紙」への掲載を実現

三村氏がコンカーの社長に就いたのは２０１１年10月、会社自体は1年前に設立されていたのだが、在籍していたのは技術担当者ひとりとアシスタントひとりのみ。当時は、経営はおろか営業活動もまともにおこなわれていなかった。そこで社長として白羽の矢が立ったのが経験豊富な三村氏だった。

もともとＳＡＰジャパン[※6]の創業メンバーだった三村氏は、13年間にわたってさまざまな事業にかかわり、戦略製品事業バイスプレジデントを歴任後、マッキンゼー・アンド・カンパニーへ移籍。さらに電気自動車の充電ネットワークを手がけるベタープレイス・ジャパンでシニア・バイス・プレジデントとしても新規事業の立ち上げも手がけてきた。

そんな輝かしい経歴を持つ三村氏が、コンカーの日本法人の社長に就任する

※6　ドイツに本社を置くビジネスソフトウェア最大手ＳＡＰの日本法人。主力のＥＲＰ（Enterprise Resource Planning）ソフトウェアでは世界で圧倒的なシェアを誇り、日本でも大手企業を中心に使われている。

――。このニュースは瞬く間に業界に広がったが、なかでもインパクトが大きかったのは、日本経済新聞でも報じられたことだ。掲載日は問い合わせ電話が鳴り止まず、そのなかには現在同社の最大のパートナー企業である「富士ソフト」もあった。

スタートから最高の形で「ＰＲドリブン経営」が進められていたわけだが、実はこの日本経済新聞掲載は、井之上ＰＲの横田氏が複数の日経記者に対してアプローチをおこなう地道な活動の成果でもある。横田氏との出会いは、井之上ＰＲのクライアントであるサンブリッジからの紹介だ。「セールスフォース・ドットコム」の創業時の出資者として知られた同社は、コンカーに出資もしている。そのつながりで井之上ＰＲが社長就任のＰＲにかかわることになったのだ。

ビジネスの世界では、日経新聞が影響力の強い媒体であるのはいうまでもない。当然、日経新聞本紙にも取り上げてもらいたいところだが、ここには大きなハードルがあった。基本的に、日経本紙は上場企業を対象とした媒体であり、ベンチャーや海外企業の日本法人は、「日経産業新聞」に掲載されることが多いのだ。

では、横田氏はいかにして「日経本紙」掲載を獲得できたのか。井之上ＰＲのメディアリレーションズ力があることはいうまでもないが、なによりも三村社長の「ＰＲ視点」によるところが大きい、と横田氏は振り返る。

「複数の日経記者にヒアリングをしたところ、彼らはコンカーが日本経済や企業にどう貢献して、どう影響を与えるのかについて関心が高いことが分かりました。その結果をもとに、綿密な想定質問を作成し、三村社長に伝えたところ、ここまでやってくれるのかと**驚くほど丁寧**で分かりやすい回答案が届きました。この情報量と三村社長の経歴があれば、日経本紙で紹介されるはずだと確信したのです」

マーケティング予算の8割をつぎ込み大規模イベントを開く

そんな三村社長の「PR視点」は、事業立ち上げにも如実に表れている。就任後、三村社長がまず掲げたビジョンは、「1000人規模のプライベートイベント」開催だった。これは「知名度なくしてビジネスはない」という三村社長の信念によるものだ。社員3人のうちふたりが技術者とアシスタントで、実質ひとりで経営、企画、実行をおこなわなければいけない状態の中、年間マーケティング予算の80%、三村社長の時間とリソースのほぼすべてをこのイベントに注ぎ込んだ。

こうして社長就任から4カ月後、2012年2月に東京・水天宮前のロイヤルパークホテルで「コンカークラウドフォーラム2012」を開催。その場で、現在でも主力製品として成長を牽引する経費精算クラウド「Concur Expense

（コンカー　エクスペンス）日本版」正式リリースの記者会見もおこなわれた。1070人が集まったイベントは見事成功。製品リリースも、メディアに大きく取り上げられ、「コンカー」の名が広く知れ渡るための土壌をつくったのである。

ただ、いくら知名度のためとはいえ、いきなりマーケティング予算の8割をひとつのマーケティングイベントに注ぎ込んでしまうというのはかなりのギャンブルではないかと思う人もいるかもしれないが、三村社長にはそのような意識はまったくない。成功する確信があったからだ。

「外国企業の新規事業とは**まず打ちだしありき**で、販売は打ちだしてみてから考えるという要素もあります。実績が伴ってくれれば日本市場向けの機能開発投資を強化でき、販売が加速していくという状況をつくりだせるためです。ただ、コンカーの場合、交通系ICカード（SuicaやPASMOなど）や路線検索、クレジットカード連携など日本市場に必要な機能を搭載した状態で『コンカー　エクスペンス』というクラウドサービスが用意できたので、PRやマーケティングに集中投資すべきだと判断しました」

実際に、三村社長の読みは見事に的中し、イベントや記者会見を契機に『コンカー　エクスペンス』は右肩上がりで出荷数を伸ばしていった。「日経本紙」掲載で縁ができた富士ソフトとパートナー契約を締結し、請求書管理サービス「Concur

Invoice（コンカー インボイス）日本版」もリリースした。

マーケティングを担う「右腕」が入社

しかし、そんな順風満帆にみえるコンカーのなかで、三村社長はある問題意識を抱えていた。急速に事業が拡大したことで、三村社長自身もさまざまな交渉に時間が取られ、これまでおこなってきた「マーケティング」の部分まで手が回らなくなってしまっていたのだ。「PR」も同様だった。社長就任時の日経新聞への露出以降、イベントやメディア発表の頻度が減っていた。

「新製品の市場への投入後、1年くらいはPRやマーケティングが空白の時期でした。特にマーケティングは深刻でした。良いマーケティングがないと、どんなに良い営業がいてもなかなか仕事に結びつかない。私の代わりにマーケティングを任せられる人物が必要でした」（三村社長）

そうしてコンカーに招かれたのが、現在マーケティング部長として、マーケティングとともに、広報やインサイドセールスを統括する柿野拓氏※7だ。SAPジャパン時代の同僚であり、気心が知れているということもあるが、三村社長が何よりも柿

※7 コンカー マーケティング部 部長

柿野 拓

かきの・たく
1998年SAPジャパンに入社。15年にわたり、主にマーケティングを担当後、2013年コンカーにマーケティング部長として入社。営業とマーケティングの融合施策を推し進め、日本市場におけるT&E（出張・経費）市場の創造に取り組む。趣味は人間観察。信条は「高下在心」。

野氏を心強く思ったのは、SAPジャパンで15年にわたりマーケティング業務をおこなってきた経験、そしてそれに裏打ちされた、その先を見通す力だ。

「イベントやブローシャーをつくるだけでマーケティングだと勘違いしている人もいますが、柿野の場合はひとつひとつの施策やコンテンツが何を生みだすかという見通しをつけて、さらに営業現場でどう生かされるのかというプロセスまで考えて動くことができるのです」（三村社長）

では、そんな手練のマーケターの目に、当時のコンカーはどのように映ったのだろうか。まず、柿野部長が着目したのは「**営業の消耗**」だった。入社当時、コンカーの営業は大手企業に注力する戦略への移行過程にあり、問い合わせや引き合いをベースに案件金額の大小を問わず、依頼されたすべての案件に対応をする動きから脱していなかった。マーケティングが有効に機能しなければ、営業は本来やるべき魅力的な案件をこなすことができず、実態がよく分からない引き合い頼りの営業活動となり現場が疲弊していく。売上目標から案件単価と案件数を逆算しても消耗戦となることが容易に想像できた。また、もうひとつ柿野氏が感じたのが、プロの目から見ると「意外とメディアで紹介されていない」という問題だった。三村社長の「PRドリブン経営」によって記者会見や、ニュースリリースなどを積極的におこなってそれなりに露出を獲得はしているものの、コンカーが持つ独創性、先進性、海外での実績などを考えればもっと多く、また違った角度からの露出を獲得できていてもいい。また、それまでのメディアリレーションズを詳細に分析してみると、ひとつの問題点が浮かび上がった。

「それまではＩＴツールとしての先進性を打ちだすコミュニケーションが多かったのです。コンカーの導入検討をされる方は経理・財務部門の方なので、そのツールがどんな経営課題を解決するのかをマーケティングレベルで分かりやすく訴求しなければ、興味すら持っていただけません。そこで、新しいメッセージを打ちだすことにしました。経費精算業務は従業員と経理・財務部門で発生する面倒な業務のひとつですが、改善すべき全社の経営課題とはなりにくい業務です。そこで、システムの導入意思決定者の経営視点により近い〝間接費管理〟という言葉から要素分解して経費精算を訴求するメッセージに切り替えることにしました。これにより、従来、経営課題として優先度が低かった経費精算の分野を経営のトップアジェンダに位置づける、というアプローチです」

柿野部長はさらに続ける。

「『御社は直接費に関しては ネジ一本でも1円単位で管理するのに、間接費の管理レベルはどうですか？　間接費のうち短期的に改善できる領域はどこですか？　従業員の接待交際費や出張・経費コストの管理レベルはこのままで良いのですか？

コンカーなら御社の間接費改革を支援し、利益経営に貢献できます』とお客さまの言葉で分かりやすく、マーケティングレベルで課題を意識していただくコミュニケーションに注力するようにしました」

経済ニュース番組「WBS」で10分間の露出

柿野部長はこれをさっそく三村社長に提案し、実行してもらう。CFO系[※8]のマーケティングで交流のあった一般社団法人日本CFO協会と橋渡しをおこない、同団体の年次イベントでの基調講演をセッティング。この新しいメッセージに基づいて、三村社長がシナリオを準備、経理・財務部門の経営課題のメイントピックとして間接費改革を訴求、経費精算業務の非効率性と改善策を提示したのである。このメッセージ変更はコンカーのマーケティングの面でも、メディアリレーションズの面でも、大きなターニングポイントになった、と柿野氏は振り返る。

「この時に三村社長が入念に準備してくれたシナリオとスライドを全社員がそのまま提案書として再利用するというプロセスができた。マーケティング段階で経理・財務部門、特に上位層に向けて関心トピックを直接訴求することで、我々が訴

※8　最高財務責任者（Chief Financial Officer）。企業のCFOは一般的にCEO（最高経営責任者）、COO（最高執行責任者）に次ぐポジションとされ、コンカーのサービスの重要な意思決定者でもある。

求したい市場、かつ、意思決定者に向けた営業活動ができるようになり、営業効率が改善しました」（柿野部長）

こうして柿野部長という心強い右腕を得たことで、三村社長の「PRドリブン経営」は再び動き始めた。2回目となる「コンカークラウドフォーラム2013」に、「Concur Travel（コンカートラベル）日本版」のリリースと「楽天」との戦略的提携を発表。これは37のメディアで報じられ、「ワールドビジネスサテライト（WBS）」では**10分ほどの特集**で取り上げられた。この経済ニュース番組も「日経」同様にビジネスへのインパクトが大きいことで知られており、オンエア後は問い合わせが急増、「他社と契約しようと思っていたが、番組を見てコンカーに切り替えたお客さまもいた」（三村社長）という。

新たなメッセージの方向性も定まり、PRドリブン経営をさらに加速させるため、三村社長は井之上PRの横田氏を柿野氏と引き合わせた。現在の「PR戦略会議」の原型がつくられたのである。

その後も、野村證券のシステム導入、アビームコンサルティングとの戦略的提携などを発表、メディアや社外セミナーも積極的に参加していく三村社長だったが、ひとつだけ沈黙を守らなくてはいけないことがあった。**SAPによる米コンカーテクノロジーズ買収**だ。多くの企業を買収してきたSAPのなかでも史上最大の買収案件として企業価値評価は9000億円。これはサン・マイクロシステムズがオラクルに買収された時よりも大きなインパクトで、当時は歴史上IT関連で9番目に大きな買収である。そんなコンカーの未来に大きな影響を与える決定事項を、日本法人で明かされていたのは三村社長のみだった。

「ひとりで抱えなくてはいけないのは辛かったですね。しかも、情報解禁の前日は3回目のプライベートイベントで『Concur Fusion Exchange 2014 Tokyo』を渋谷ヒカリエで開催し、1400人を前に講演をしていました。その翌日に全社員に対して買収の事実を伝えなければならなかったのはひとつの試練でした」

規制緩和を促すロビー活動に取り組む

そんな大きな「衝撃」もあったが、コンカーは順調に事業を拡大。気がつけば、大企業を中心にシェア53%を獲得、2位の11%に大きく水をあけるほど、出張・経費管理クラウド分野のリーディングカンパニーとなっていた。そこで次に三村社長が動きだしたのがガバメントリレーションズ、特に「ロビー活動」[※9]である。

「対競合ということではなく、トップシェアを担う企業として市場全体のパイを

※9　企業や団体の意見や要望を、議会や政府の関係者に働きかけること。ガバメントリレーションズにおいて重要な役割を果たす。

いかに大きくできるのかということに注力をしていくことにしました。つまり、**領収書電子化に伴う規制緩和の後押し**をおこない、ＩＴの活用で労働生産性を上げ、日本自体を元気にしようと考えたのです」（三村社長）

低迷する日本企業のホワイトカラーの労働生産性はかねてから問題視されている。なかでも経費管理などの間接業務は未成熟、その経済的損失はコンカーの試算では日本全体で1兆円に上る。領収書は、７年間の原本の保管が法律で義務づけられており、野村證券の場合、年間5億円以上の保管・管理コストが発生している。また、米国では十数年前に規制緩和が完了しており、日本企業はグローバルビジネスのなか、不利な条件で競争がおこなわれているといえる。政府与党も問題点を認識しつつ、領収書原本の電子化の機運が高まってきているものの、現時点では領収書の電子化が認められるのは、一定水準のスペックを備えたスキャナーを使用した場合のみである。このような規制を緩和し、ビジネスマンが日常利用するスマホで撮影された領収書画像をもって原本とできれば、米国並みのビジネス環境が整うこととなり、日本企業の競争優位性の確保につながるというわけだ。

その第1弾として仕掛けたのが、２０１５年3月に発表した「領収書の電子化と経費管理に関する調査」。これは大企業５００社のＣＦＯを対象に日本ＣＦＯ協会とコンカーが共同でおこなった調査である。そこで浮かび上がったのが、多くの企業が現行の規制下では、規制要件が現場の利用実態とかけはなれており、領収書電子化を進められないと考えているということ、さらにスマホで撮影した領収書のデジタル画像が原本として認められるようであれば前向きに検討するという声が圧倒的に多いことだった。これは、コンカーとしても大きな収穫だった。また、社会問題としてこの課題を取り上げるメディアにも大きなインパクトを与えた。

2015年4月、「日本経済新聞」夕刊一面に「領収書はスマホで撮影」と大きく取り上げられたほか、日経ビジネスオンラインでは三村社長の単独インタビューが掲載。背景として、コンカーはすでに政府与党、財務省、経済産業省などへ各経済団体とともに積極的に情報提供をおこなっており、その動きを記者が察知、記事化されたのである。その後、政府与党でおこなわれている領収書電子化の規制緩和の検討状況と要点を発表する記者会見や規制緩和後を見越した製品リリースの発表など、主要メディアに対し、継続的に情報提供をしている。これらは「日本の岩盤規制に挑むコンカー」という認知を広げ、前述したように8月には「WBS」がコンカーのサービス内容やガバメントリレーションズ活動に完全密着、「**さらば〝領収書の手貼り〟**」という特集で放映され、大きな反響を呼んだ。もちろん、柿野氏と横田氏が大きなサポートを果たしていることはいうまでもない。

◆ 東京・六本木のグランドハイアットに1680人が来場（2015年9月）

年々規模を拡大するプライベートイベント

コンカーは日本での立ち上げ直後の2012年2月に1000人規模のプライベートイベントを開催。2014年からは“Concur Fusion Exchange”の名称で実施している。会場は当初東京・水天宮前から渋谷を経て、2015年は六本木のグランドハイアット東京と年々グレードアップ。大阪でも初開催するなど、同社の成長の勢いを体現している。

日本で伸びていくビジネス、会社は肌感覚で分かる

4年前まではほぼ無名に等しかった海外企業が、革新的なサービスをもってして、国の規制緩和に大きな影響を及ぼすプレイヤーへ——。PR会社としては「理想」ともいえるサクセスストーリーだが、井之上PRの鈴木孝徳常務取締役[※10]によると、過去にもこのようなケースがあったという。

「当社は1980年代はインテルやアップル、2000年ごろにはモトローラなど、世界的ビッグネームの日本市場への進出のお手伝いをしてきました。現在もクライアントの6~7割は外資系企業です。彼らのサービスのほとんどは国内に存在しない、市場を変えるような革新的なビジネスモデルを持っています。日本市場でのビジネス展開を市場創造期から成熟期まで、クライアントとともに私たちも成長し、日本社会をより良くしていくというのはコンカーの状況と非常に似ている」

また、井之上PRはクライアントのPR支援だけではなく、ビジネスマッチングもおこなうことがある。数年前に米国の半導体団体と国内大手半導体企業6社との引き合わせを井之上PRがおこなった。これはイノベーションに長けた米国企業側と、日の丸半導体の技術力・生産体制を組み合わせることで、大きな相乗効果を狙ったもので、このミーティングを契機に戦略的な提携が始まることとなる。

※10 井之上パブリックリレーションズ 常務取締役

鈴木孝徳

すずき・たかのり 業界紙の記者、デスク、副編集長などを25年以上にわたって務めたのち、2000年に井之上パブリックリレーションズ入社。アカウントサービス（AS）部門長を経て、2013年から常務取締役AS本部長。国内外のクライアントサービスを統括する。

領収書の電子化規制緩和に一歩踏みだす

コンカーは2015年6月、記者説明会を開き、領収書の電子化実現に向けた規制内容と緩和の方向性､現行法制度下での日本企業の対応状況などについて説明した。また、規制緩和に対応した同社の製品開発戦略を発表。米コンカーテクノロジーズのバイスプレジデントや日本CFO協会、日本文書情報マネジメント協会(JIIMA)からも代表者らが駆けつけた。

「創業者の井之上喬が築いた流れもありますが、四十数年PRをやってきている経験から、これは伸びるということが肌感覚で分かります。海外企業が展開する革新的なサービスの日本進出を支援し、日本社会をより良いものへという井之上PRのDNAが脈々と受け継がれ、それを評価していただいている。コンカー社もこうした企業のうちの大切な1社です」（鈴木常務）

「コンカーする」を早く定着させたい

WBSオンエア翌月の9月、コンカーは4回目となるプライベートイベントを、東京・六本木のグランドハイアットでおこなった。1680人の参加者を前に、日本最大のタクシー事業者の日本交通や国内外で注目を集める配車サービスUber（ウーバー）との提携を発表。「施行確実」と報じる領収書電子化規制緩和のキープレイヤーということで、多くのメディアが会場に集った。3人の社員でイベントをおこなってからわずか4年でここまでの成長を遂げた三村社長の「PRドリブン経営」を、すぐそばで見てきた柿野氏はこのように振り返る。

「三村社長を見ていて思うのは、社長はストーリーテリングが非常に上手だということ。私と横田さんでマーケティングやPRの視点から『こういうストーリーが打ちだせるといいね』と話していると、三村社長はきれいにビジョンからアクションまで体系立てて記者に説明できるストーリーをつくってくれる。三村社長には生まれ持ったセンスを感じます。マーケティングやPRは市場や社会的な要請を踏まえ、施策を展開する必要がありますので、インパクトのあるお題目を用意することにしています。最近、『お題目が難しい』と文句を言われることもありますが、きっとこれからもきれいに拾っていただけると思います（笑）」

横田氏も同様に感じている。だが、それに加えて「PRドリブン経営」を成し得たのはもうひとつ、三村社長の〝姿勢〟によるところが大きいとみている。

「私たちがPRで常々重要なものとして『自己修正』ということを申し上げています。硬直した施策に拘泥するのではなく、状況に合わせて柔軟に変えるということですが、実はこれができない企業が非常に多いのです。『変えられない』とか『前例がない』ということで柔軟な対応ができない経営者も多いなか、三村社長はとにかくオープンマインド。ディスカッションを経て、当初の計画を柔軟に変えることもできる。これは非常に重要なポイントだと思っています」

柿野部長が「私たち3人の関係は非常にうまく機能している」と述べるように、横田氏のPR視点、そして柿野部長の緻密なマーケティング、それらを調整した上で体現する三村社長。この3人がおりなすサイクルが「PRドリブン経営」の大きなエンジンになっているようだ。では、当の三村社長はこれからコンカーを「PRドリブン経営」でどのような方向へと導いていくつもりなのか。

「2017年までにはシェア80%、19年までには時価総額トップ100企業の60%でコンカーの導入、国別の売上高で米国に次ぐ世界2位などさまざまな目標を掲げていますが、マーケティング・PRという視点での最終目標は、**『経費精算＝コンカー』**という状況にすることです。社員には、サランラップやポスト・イットのような存在になろうという大きなビジョンを共有しています。つまり、日本中のオフィスで『コンカーした?』という言葉が当たり前に交わされるような存在になろう、ということです」（三村社長）

2015年12月16日、政府与党は平成28年度与党税制改正大綱を正式決定、日経新聞ではタクシー代や飲食代などの領収書について、企業の原本保管義務を16年9月より規制緩和、スマホやデジカメで撮影したデジタル画像に対し、法令に適合したタイムスタンプをつけることで原本として認める計画、と報じた。

経費精算の代名詞として「コンカーする」という言葉が、ビジネスの世界で常識となる日もそう遠くないようだ。

Chapter – 8

記者と研究者を強固に結びつける「メディア塾」がもたらした効果

国立精神・神経医療研究センター

National Center of Neurology and Psychiatry NCNP

×

ココノッツ

CocoKnots

医療担当記者が絶賛するメディア向け勉強会

２０１４年８月22日、東京都多摩市の宿泊施設には、約30人の新聞社・テレビの医療担当記者、医療ジャーナリストらが集まっていた。

彼らは登壇者の語ることを一言も聞き漏らすまいとメモをとり、挙手をして質問を投げかける。登壇者が答えると「なるほど」というふうに大きく頷く者もいれば、新たな疑問をなげかける者もいる。そこにいる誰もが真剣で、室内にはえもいわれぬ熱気がこもっていた――。

よくある記者会見のワンシーンと思うかもしれないがそうではない。実はこれ、東京都小平市にある「国立研究開発法人 国立精神・神経医療研究センター」（ＮＣＮＰ）が主催した「ＮＣＮＰメディア塾」という勉強会のワンシーン。参加しているのは取材者として3年以上のキャリアを積んだテレビ局、ラジオ局、新聞社、雑誌社などの記者、ジャーナリストたちで、ひとり1万９０００円の受講料を支払っている。「高い授業料」と感じるかもしれないが、これは宿泊と食事の費用。実はこの「ＮＣＮＰメディア塾」は精神・神経領域の第一線の研究者や医師を講師とした90分間の講義を、泊まり込みで延べ10コマ受講できる「合宿形式」というきわめて珍しい記者セミナーだったのだ。

さらに、「NCNPメディア塾」がユニークなのは、単にメディア関係者が最新の精神・神経領域の研究状況を学ぶ場ではないということだ。「『脱法ドラッグ』――その乱用実態から依存症・毒性、治療まで」「災害時に精神医療が果たすべきこと」という講義名からも分かるように、メディアの関心が高い社会問題をカバーしているだけではなく、「うつ病の常識は本当か」「睡眠の都市伝説を斬る」など、そのまま医療特集記事のタイトルになりそうな講義もあって、医療記者やジャーナリストにとって仕事に直結する非常に実用的なセミナーとなっている。この2014年に続き、2015年8月に「第2回NCNPメディア塾」も開催。泊まり込みではなく1日のみのカリキュラムだったが、前回同様に多くのメディアが受講した。2年連続で参加した読売新聞東京本社の長谷川聖治編集局次長もこのように述べる。

「我々記者にとって非常にありがたい企画だと思います。科学分野は、専門に詳しい先生に直接あたってやりとりをするというきわめて属人的な取材方法が多いので、あのように包括的に情報交換できる場所というのは貴重です。また、精神疾患から発達障害までテーマの幅が広く、医療や科学に限らず生活分野などを担当する記者にとってもためになることから、読売からは4人の記者が参加しました。てんかんや危険ドラッグの問題なども扱うので、事件取材をおこなう社会部の記者も受けるべきだと感じました」

また、毎日新聞社生活報道部の小島正美編集委員も、日本青果物輸入安全推進協議会の広報紙「菜果フォーラム」で、他業界が参考にすべき記者セミナーとして「第1回NCNPメディア塾」を紹介し、「**歴史に残る画期的なセミナー**」と高く評価している。一部を引用しよう。

「最近注目されている『危険ドラッグ』のほか、災害時に必要な精神医療の役割、精神疾患の診断マニュアルの最新情報、睡眠の取り方、統合失調症とのつきあい方など、記事になりそうな話題が豊富にあった。講師は同センターの一流研究者ばかりで、大学の授業を受けているような感じだ。まる2日間で精神疾患の基礎が学べるだけに記者の満足感は高かった」

メディア塾の開催に込めた「仕掛け」

そんな高い満足度を象徴するのが、このセミナーの約半年後、2015年2月10日に催された「NCNPメディア塾特別講座　ジャーナリストのためのPFA研修」だ。PFAとは、災害の被災者や事故などで精神的苦痛を抱えた人に対して、

被災者と救済者に分かれてシミュレーショントレーニング

「ジャーナリストのためのPFA研修」のひとコマ。PFAとは、災害や事故の当事者や目撃者など、精神的苦痛を抱えた人に対しておこなう「心理的応急措置」のこと。被害者・被災者だけでなく、凄惨な現場を取材するジャーナリストにもPFAが求められるとの声から企画された。

誰もがおこなうことができる心理的応急処置（サイコロジカル・ファースト・エイド）のこと。被災地を取材する記者・ジャーナリスト17人を無料でＮＣＮＰ新教育研修棟へ招いて開催されたのだが、このきっかけは「ＮＣＮＰメディア塾」に参加した記者たちからの要望だった。「ＮＣＮＰメディア塾」を主催するＮＣＮＰ企画戦略室・広報グループの田中尚美氏[※1]が当時を振り返る。

「メディア塾を開いた時に、東日本大震災を取材されている記者の方から、被災者の方たちとどう接していいか分からなという声や、記者の方たち自身も凄惨な被災地を取材したことがトラウマになっているという相談をいただいたほか、災害医療をテーマにしたメディア向けのセミナーもやって欲しいという要望が多く寄せられました。それを受けて企画されたのが『ジャーナリストのためのＰＦＡ研修』だったのです」

つまり、「ＮＣＮＰメディア塾」は単に記者やジャーナリストが求める情報を分かりやすく提供する場というだけではなく、メディアが抱える悩みを解消することで、ＮＣＮＰとの間に**「取材対象者」という関係を超えた信頼関係**を構築することにもつながっているのだ。

「ＮＣＮＰメディア塾」というのは、メディアリレーションズという目的とともに、主催者であるＮＣＮＰの「広報」にかかわるある課題を解決していくための仕

※1
国立精神・神経医療研究センター（ＮＣＮＰ）企画戦略室

田中尚美

たなか・ひさみ
ＣＳＫ、オフィスサプライ通販企業、資産管理会社、ベンチャー企業創業参画を経て、２０１０年ＮＣＮＰに入所。12年からメディアリレーションズ活動を中心に広報業務を主に担当する。休日は美術館巡り（年間20回以上）と老舗純喫茶めぐりなど。

掛けのひとつでもあるのだ。2010年よりNCNPの広報体制整備をサポートし、「NCNPメディア塾」という企画の提案もおこなったココノッツの君島邦雄[※2]代表取締役が、隠されたもうひとつの「仕掛け」を明かす。

「もともと広報機能が弱かった組織に担当者を置いたとしても、すぐに機能させるのは非常に難しい。ましてや、我々のような外部の人間が組織に手をつっ込むことはできません。そこで、外から何かしらの〝仕掛け〟をつくってうまく組み合わせていくしかない。そのひとつがメディア塾だったのです」

この言葉の意味するところを理解するためには、まずはNCNPという組織について知らなくてはならない。「精神」「神経」「筋」「発達障害」各分野における日本の最先端の研究、治療とともに、認知行動療法、自殺予防、さらには災害にあった人たちの「こころ」の支援などをおこなっているNCNPの設立は古い。戦前の傷痍軍人武蔵療養所をルーツに持つ国立武蔵療養所、そこに併設された研究センター、そして国立精神衛生研究所の3つの施設が1986年10月に統合された「国立精神・神経センター」が前身となっている。その後、2010年4月に独立行政法人化。国内に6つある「国立高度専門医療研究センター」[※3](ナショナルセンター)のひとつという位置づけとなった。さらに2015年4月には理化学研究所や産業技術総合研究所と同様の「国立研究開発法人」[※4]という形に変わって、これまで以上に

※2
ココノッツ 代表取締役
君島邦雄
きみしま・くにお
外資系製薬会社で医療用医薬品のマーケティングを経験。その後大手医療機器会社で広報部門を立ち上げ、広報室長としてPR、IR、社内広報の各領域で経験と実績を積む。2008年、医療・ヘルスケア分野に特化したPR会社ココノッツを設立。

研究開発の成果を最大化することを目的とした組織になっている。

「広報」の概念がなかった時代

このように日本の精神・神経領域の研究を長く牽引してきたＮＣＮＰだが、広報に力を入れ始めたのは、実はここ最近のことである。もっといってしまえば、以前は「広報」という概念すらもほとんど存在していなかった。３００人を超える医師や研究者を抱える大組織にもかかわらず、である。現在、ＮＣＮＰは月に2〜3本のニュースリリースを配信。市民公開講座などはインターネット動画で配信するなど、積極的な広報活動をおこなっているが、かつてはＮＣＮＰとしてニュースリリースを出すことはほとんどなかった。もちろん、在籍する医師や研究者の取り組みや論文をメディアが取り上げることはあったが、そこにＮＣＮＰが組織としては介在せず、あくまで個々の研究者らがメディア対応をしているという状況だった。そこで問題となるのは、「広報」をおこなう医師や研究者が一部の人々に限定されてしまうという点だ。その理由を、田中氏とともに「ＮＣＮＰメディア塾」の実現に尽力をした和田圭司[※5]トランスレーショナル・メディカルセンター長が解説する。

※3　国立がん研究センター、国立循環器病研究センター、国立精神・神経医療研究センター、国立国際医療研究センター、国立成育医療研究センター、国立長寿医療研究センターの6法人の総称。それぞれ研究所と病院を置き、国民の健康に重大な影響を及ぼす疾病などの対策や国際医療協力に関する中核的な役割を担う。

※4　日本の独立行政法人のうち主に研究開発をおこなう法人。独立行政法人通則法の一部を改正する法律によるもので、２０１５年4月に施行された。それに伴い、6つのナショナルセンターはすべて国立研究開発法人となった。

国立精神・神経医療研究センター（NCNP、東京都小平市）

精神疾患、神経疾患、筋疾患、発達障害の克服を目指した研究開発を行い、その成果をもとに高度先駆的医療を提供している。また、全国に研究成果の普及をはかることもNCNPの使命。病院と研究所が一体となって運営されている。

「インパクトファクターという言葉が示すように、研究者のなかには、学会誌や医学誌に**論文を掲載すること**がもっとも優先すべきことという考えがあるのです」

インパクトファクターとは、特定の学術雑誌に掲載された論文が、特定の期間内にどれくらい頻繁に引用されたかを平均値で示す尺度であり、この数値が高ければ高いほど世界的に評価された論文とされる。研究者であれば、自分の研究結果が、他の研究への貢献など学術の世界で大きな影響を及ぼして欲しいと願うのは当然だろう。そこでどうしてもテレビや新聞、雑誌などよりも「サイエンス」[※6]や「ネイチャー」[※7]といった世界的に権威ある学術誌を優先してしまう。テレビや新聞は、たしかに一般人への波及効果はあっても、インパクトファクターとしては数えられないからだ。

だが、NCNPにいる研究者や医師が「広報」に力を注がないというのは、メディアにとってはもちろん、一般の国民にとっても不幸な状況であることはいうまでもない。コミュニケーションや相互理解の不足によって、精神・神経領域の誤った知識が広まってしまう恐れがあるからだ。当時を田中氏が振り返る。

「メディアのみなさんとリレーションがなかった時代は、先生方が本当に言いたいことがなかなか報道に反映されないという問題がありました。なかには、記事が出た後で『こんなことは言っていない』と不満に感じる先生も少なくありませんで

※5
国立精神・神経医療研究センター
トランスレーショナル・メディカルセンター
センター長

和田圭司

わだ・けいじ
大阪大学医学部卒、同大学院修了。1992年、NCNP神経研究所疾病研究第4部部長（現職）。2010年から企画戦略室室長補佐（同）、15年トランスレーショナル・メディカルセンターセンター長。病態神経科学の研究とNCNPの経営・企画・広報、トランスレーショナルリサーチ推進と〝三足のわらじ〟を履く。

した」

そんな「ギャップ」が生じている報道を目にした医師や研究者たちの間には、「メディアに話してもどうせ分かってくれない」という**「広報」に対する苦手意識**が広がってしまう。そうなると、さらにメディアとの関係性が希薄になるため、正しい情報も伝わらないという負のスパイラルに陥ってしまうのだ。

これはNCNPにとっても望ましいことではない。「病院と研究所が一体となり、精神疾患、神経疾患、筋疾患、及び発達障害の克服を目指した研究開発を行い、その成果をもとに高度先駆的医療を提供するとともに、全国への普及を図る」（ウェブサイトより）と基本理念にもあるように、研究成果を日本全国へ「普及」させることも使命である以上、メディアから誤った情報が流れることは「悩みの種」でもあった。

企画戦略室を中心に広報体制づくり

その課題解決へ向けて、NCNPという組織に転換期が訪れたのが、2010年の独立行政法人化だ。国立がん研究センター（東京都中央区）、国立循環器病研究

※6　科学分野における学術論文の発表及び研究結果のレビューを主要項目とした、世界的に権威のある学術雑誌のひとつ。1880年創刊。アメリカ科学振興協会（AAAS）によって発行されている。

※7　科学分野における学術論文を掲載する世界的に権威のある学術雑誌のひとつ。1869年に創刊され、記事の編集は英国の Nature Publishing Group（NPG）によっておこなわれている。

センター（大阪府吹田市）、国立国際医療研究センター（東京都新宿区）、国立成育医療研究センター（東京都世田谷区）、国立長寿医療研究センター（愛知県大府市）とともにナショナルセンターのひとつであることは前に触れたが、独立法人化は、実は組織そのもののあり方も大きく変えたのである。NCNPは、国の施設から、「自主運営」を求められるきわめて**独立性の高い組織**へと生まれ変わったのである。

さまざまな再編がおこなわれるなかで、「広報強化」という点でも大きな役割を担うことになるのが、独立行政法人化に伴って設置された企画戦略室だ。当時、独法化の記念式典の挨拶において、樋口輝彦総長・理事長はこの新設部署について、以下のように述べている。

「これからのセンターの発展のために情報を収集し、新たな事業の企画立案をする機能と、センター内各部門からの情報を収集整理して理事長に提供する、あるいは部門間の調整をおこなうことが役割です」

この機能をいかに重要視したかは、企画戦略室長が理事長直轄のポジションということからもうかがえる。立ち上げは、室長と2人の室員のほかに、他部署との併任者がかかわった。和田氏もそのひとりで、自ら研究者である一方で、企画戦略室室長補佐という立場でもある。

「立ち上げ当時の企画戦略室長はよく『梁山泊のような雰囲気』と表現しました

が、さまざまな部署の垣根を越えた人間がＮＣＮＰをより良くするため、現在抱えている課題を洗いだし、侃々諤々《かんかんがくがく》と議論を重ねながら課題解決のためのロードマップをつくっていきました。そのなかのひとつに、発信力強化というものが浮かび上がったのです」

情報発信の姿勢を社会へ示す

ここから「広報」という意識が芽生え、本格的に体制整備に動きだしていった。ただ、現状分析と目指すべき方向性はみえたが、それを実現していくためのノウハウはない。組織にいる者の多くは和田氏のような研究者や公務員である。広報担当の田中氏はＮＣＮＰにやってくる前に、ベンチャー企業の立ち上げ支援をする企業に籍を置き、中小企業診断士の資格も有しており、そのキャリアが「発信力強化」に生かされるのは間違いなかったが、広報やＰＲは門外漢。外部の協力者を募るよりなかった。和田氏と田中氏は、連日のようにさまざまな会社と面談を繰り返した。ＰＲ会社はもちろん、広告会社、病院経営コンサルタント……しかし、「これだ」と感じる企業はなかなか表れなかったという。

「これから広報体制を整備するんですよ、というお話をするとだいたい『では予算がついたら具体的な話をお願いします』と言われてしまう。そんななかで一緒にゼロから広報体制をつくっていこう、そういう立ち上げを一緒に楽しみながらやってもらえると唯一感じたのが、ココノッツさんだったのです」（田中氏）

もちろん、そこにはココノッツならではという「強み」もある。君島氏は、外資系製薬会社で医療用医薬品のマーケティングを経験後、大手医療機器会社で広報部門の立ち上げをおこない、広報室長としての長い経験がある。取締役の荒木和美氏[※8]も同様に、医療機器のグローバル企業日本法人で、広報部門を立ち上げている。ゼロから「広報」というものを生みだすエキスパートが揃っているのだ。さらに、医療分野を専門にしているので医学医療の知識が豊富で、医療担当記者とのコネクションも強い。

こうして、ココノッツのサポートを受けつつＮＣＮＰの「発信力強化」の基本的な整備がなされていくなかで、ひとつのマイルストーンとなったのが、２０１２年9月15日に開催された「脳と心の医療と研究最前線」という市民公開シンポジウムである。

さらに、その様子をＹｏｕＴｕｂｅ（ユーチューブ）などの動画で配信する試みも開始。シンポジウム前日の14日には、東京駅近くのホールで、「国立精神・神経医療研究

※8
ココノッツ
取締役
荒木和美
あらき・かずみ
大手外資系医療機器企業で広報部門を立ち上げ、広報マネージャーとして対外広報、社内広報の体制を築く。２００８年ココノッツ設立と同時に取締役に就任し、広報全般に対するコンサルティングを担当する。日米の医療機器業界団体の広報委員として業界広報の発展にも注力。

センターの新しい取り組み」という記者会見を催し、樋口総長自らが告知したほか、当日の採録を「読売新聞」（10月20日付）に掲載するなどして、**新生NCNPの「情報発信の姿勢」**を社会へ示したのである。

メディア掲載で研究者の意識が徐々に変化

さらに、ココノッツのサポートを受けて顕著に変わっていったのがニュースリリースである。ニュースリリース自体をほとんど出していなかったところを、ココノッツに指導を受けるなかで、2012年になると1年で13本ほど研究者や医師の取り組みを紹介するリリースを配信するようになり、それをメディアが拾い上げていったのだ。

「記事になるという成果が出たことで、先生方も発信したいという気持ちが強くなってどんどんお話をくださるようになりました。ネタを集めて、それをかためて出していくということをココノッツさんにアドバイスをいただきながらやっていくうちに、**広報というものが楽しくなっていきました**」（田中氏）

このような「好循環」によって、かつて研究者や医師の間に蔓延していた「情報発信に無関心」の気質も徐々に薄れていった、と和田氏も述懐する。

「職員のメディアに対する意識や理解がだいぶ変わったように思います。たとえば、『あの先生が出るなら私も出たい』という良い効果もでてきた。また、メディアに取り上げられたことで、研究者本人や研究に携わった者たちの励みになるということもでてきました」(和田氏)

その成功例のひとつが、2013年2月に共同通信で配信された記事だ。これは当時、和田氏が部長を務めていたNCNP疾病研究第4部の株田智弘室長と藤原悠紀研究生らが、生物細胞のなかのリソソームという袋がRNAを取り込んで分解しているという生命現象を世界で初めて見つけ、それを米科学誌「オートファジー」に発表したという事実を報じたもので、さまざまな地方紙の紙面も飾った。一般社会への発信をおこないつつも、海外で高い評価を得るインパクトファクターも補完した「成功例」といえよう。

現場を勇気づけたトップの後押し

こうして、NCNPの「広報機能」が徐々に強化されていく一方で、ココノッツの君島氏は次の「仕掛け」を考え始めていた。

「広報に対する意識はだいぶ変わっていきましたが、やはりまだまだ社会的知名度の低さは否めませんでした。社会的意義もあって、素晴らしい研究をしているのにそれほど知られていない。この問題を解決するには、ＮＣＮＰ**全体を巻き込むような広報強化の仕掛け**が必要だと考えたのです」

そこで君島氏の頭に浮かんだのが、同じナショナルセンターのなかで抜群の知名度を誇る「国立がん研究センター」が、「信頼できるがん情報をわかりやすく伝える」という目標のもと２００７年から開催しているメディアセミナーだ。現在は３カ月に１回のペースでおこなわれており、これまで多くの医療担当記者やジャーナリストが参加し、「国立がんセンター」の発信力に対する評価も、これが寄与する部分が多いという名物セミナーだ。また、米国でもＮＩＨ（国立衛生研究所）が宿泊型のジャーナリスト向けセミナーを開催していた。

このような記者セミナーをＮＣＮＰでも始めたらどうだろう――。さっそく和田氏と田中氏に提案をしたが、君島氏には一抹の不安があった。新しい取り組みの意義を担当者が理解をしてくれても、それを実際に形にするのは並大抵の努力ではない、ということを過去の経験から知っていたからだ。ましてや、独立行政法人という「役所」である。果たして提案をのんでくれるのか。

しかし、それは杞憂に終わった。思いのほかスムーズに、ココノッツからの提案はＮＣＮＰに了承され、実行に移すという運びとなったのだ。その背景を、和田氏が語る。

「たまたま、この時期にそういうことに理解を示す人が集まっていたということでしょうかね。私がいて、民間企業で研鑽を積んできた、うちではかなり異色の人材である田中がいて、そこに企画戦略室もあった。そして何よりも大きいのは、理事長ですよね。このような企画に対して否定的なことを一切言わず、前向きな言葉をかけて応援をしてくれましたから」

講義内容をもとにしたメディア露出が相次ぐ

こうして動きだした「ＮＣＮＰメディア塾」。事務局は、ココノッツの荒木氏が担当することとなった。チームとしてまず取り組んだのが、日程調整と講義テーマの選定だ。市民公開講座は一般人にも興味を持てる「分かりやすさ」を意識したが、今回はメディアが「おもしろい」と感じなくてはいけない。そこで、事前に先ほどの読売・長谷川編集局次長のようなメディア側にヒアリングをおこない、また複数のメディアのベテラン医療記者に集まってもらい、メディアの関心が高いテーマや、学会のような専門的すぎる内容にならないこと、ディスカッションの時間をとることなどの指摘や注意点を聞きだし、それらのアドバイスをふまえて和田氏らが検討を重ねていった。

「一番注意を払ったのは、バランスですね。NCNPには、病院とセンター、そして研究所があるので、そこからまんべんなく、どこからも不満がでないようにテーマを選ばなくてはいけない」（和田氏）

こうして最終的に10のテーマに絞られたわけだが、次に問題となるのはタイトルだ。学会の講演のような題目では、記者やジャーナリストの関心を引くことはできないので調整が必要だった。荒木氏が言う。

「先生たちから出されたタイトルはどうしても硬いので、私たち事務局側で差し戻しをさせていただきました。そういうやりとりを何度か繰り返していくなかで、メディアの興味をひくタイトルにでき上がっていったのです」

こうして開催された「NCNPメディア塾」。記者やジャーナリスト側の高い評価は冒頭で紹介したとおりで、実は参加した医師や研究者にとっても非常に有意義なものとなった。

取材や問い合わせが増えたのはもちろん、講義をきっかけに新聞にコラムをもつ研究者も出てきたが、何よりも大きいのは、自分たちが「問題意識」を持っていることを、メディア側に投げかけて記事が生まれるという、**これまでと異なる能動的な情報発信の流れ**ができたことだ。荒木氏が言う。

「たとえば2回目のメディア塾で、『わが国のてんかん医療の現状と課題』というテーマで、講師の先生からてんかんに関する問題提起がありました。それに関心を持った記者がてんかんの啓発記事をシリーズで執筆したり、また別の記者は自らが患者であることを明らかにしつつ、てんかんの患者さんが抱える問題について問う記事を書きました。NCNPの先生方の思いに記者も共感し、その視点から世の中に伝えたのです」

記者と研究者との間に生まれた信頼関係

だが、このような目に見えるものだけが「NCNPメディア塾」の「成果」ではない。実はもっとも大きかったのは、医師や研究者たちの間に残っていた「こちらが伝えたいことがメディアには正しく伝わらない」という**偏見が徐々に取り払われてきた**という点だ。

◆ 第1回NCNPメディア塾（2014年8月）は、多摩市の研修施設で開かれた

◆ 第2回（2015年8月）はNCNP施設内で実施した

入念な準備を重ね、進化を続ける「NCNPメディア塾」

受講対象者であるメディア関係者へのヒアリングをもとに、テーマや講演者の選定から1コマの時間、講演内容やタイトルに至るまで検討を重ねている。メディア露出の増加という直接的な成果だけでなく、研究者らの間に「広報マインド」が醸成されつつあることが大きいという。

「遠い世界の人々だと思ったら、ひとつの土俵のなかでつながっていたということが分かったという研究者が多いと思います。もちろん、意見は意見、議論は議論、決して互いに迎合をするわけではありませんが、敵対するわけでもなく、無視する相手でもない。これまでチャンネルがなかったところで、チャネルができたという感じで、付き合いが濃密になりました」（和田氏）

もちろん、それはメディア側も同様に感じている。読売の長谷川編集局次長は「あの場にいた記者のなかには、先生たちと対立をしようなどという者はいない。私たちには一緒につくり上げていっているということが感じられた」と振り返る。また、毎日新聞の小島編集委員も、「合宿形式だったため、腹を割った話もでき、記者と研究者が親密になる関係まで生まれた」と研究者らとの距離が縮まったことも評価している。事務局として、メディアと接している荒木氏もその手応えを感じている。

「医療記者の間では、NCNPメディア塾はすっかり浸透した気がします。今年参加した記者さんのなかには、地方赴任中にもかかわらず参加した方もいました。単なるセミナーではなく研究者たちと信頼関係を結んで、一緒に記事をつくっていける場所だと認識されているのではないでしょうか」

つまり、「NCNPメディア塾」は、医師や研究者側の「広報マインド」を向上させ、さらにメディアと「**精神・神経領域の未来について議論ができる**」という信頼関係を築くことにもつながっているのだ。

この「仕掛け」を提案した君島氏も言う。

「メディア塾というのはいわば新車試乗会なんですよ。自動車メーカーと自動車ジャーナリストのように、情報を出したい人と、知りたい人との間で麗しい信頼関係をつくるためのものですが、それが短期間でここまで達成できるとは思いませんでした」

君島氏のような百戦錬磨のＰＲマンの予想を超えた成功をもたらすことができたのは、やはり和田氏や田中氏という主催者側が高い意識でこのプロジェクトに臨んだからであろう。それは田中氏の「ＮＣＮＰメディア塾」運営において何を注意したのかという言葉からもうかがえる。

「メディアリレーションズもすぐに成果がでるものではないので、やはり継続をしていかないといけません。とにかく参加者のみなさんには、ひとつひとつその意義を伝えて、一緒につくり上げていくことに意識を集中しました」

現在、今年夏に開催予定の「第３回ＮＣＮＰメディア塾」のテーマを検討している。事務局を担当してきた荒木氏は、運営スタイルや時間配分で何が最善なのか模索中だ。

「1回目は90分講義を10コマで、トイレに行く時間もないほどみっちりと入れたところ、『充実した』という満足の声もあれば『ちょっと疲れた』という声もあった。そこで2回目は1日開催にして40分講義にしたのですが、今度は『もっと聞きたい』という声もある。（郊外の）小平市というロケーションやプログラム構成なども含めて、ひとりでも多くのメディアに来てもらえる仕組みを考えています」

和田氏は、講師の研究者とメディア側のフリーディスカッションがかなり盛り上がることから、何かテーマを定めて「徹底討論」のような企画もおもしろいと考えている。

「これまでＰＦＡ研修も含めると、３回開催をしてきて、メディア塾はＮＣＮＰの発信力強化の成果だという認識は組織のなかでも定着してきました。これを実現できたのは、先ほども申し上げたようにたまたま田中や私というチームがこのタイミングで揃っていたからです。ですから、ゆくゆくは私たちがいなくても続けられる体制をつくっていきたいと思います」

広報なき組織と、メディアに苦手意識を抱く研究者たちに大きな変化をもたらした「ＮＣＮＰメディア塾」。その最大の功績は、ＮＣＮＰの研究者や医師たちに「広報マインド」を目覚めさせたことなのかもしれない。

Chapter – 9

アフリカの人道危機を分かりやすく マンガの力で世界に発信

赤十字国際委員会

International Committee of the Red Cross

×

スパイスコミニケーションズ

Spice Communications

「ジャーナルコミック」の誕生

ジャーナリズムとコミック（マンガ）が融合した新しい概念である「ジャーナルコミック」という言葉を耳にしたことがあるだろうか。日本ではかねてから、歴史や文学などの難しいテーマを分かりやすく学ぶためのツールとして、マンガが活用されてきた。それと同様に、マンガの持つ発信力や受け入れやすさを活用し、社会問題や国際問題をできるだけ多くの人に伝えるために生まれたのが、**「ジャーナルコミック」**だ。マンガの持つエンターテインメント性とドキュメンタリー的要素が組み合わさることで、重いテーマや複雑で理解するのが難しい話も視覚的、感覚的に受け入れることができ、ストーリーに感情移入しやすくなる効果がある。

２０１５年10月、初めての「ジャーナルコミック」が発売された。タイトルは「14歳の兵士 ザザ」[※1]（学研プラス）。舞台はアフリカ中部に位置するコンゴ民主共和国[※2]。主人公の少年ザザは、家族とともに貧しいながら幸せな日々を送っていた。しかし、ザザの住む村が武装勢力の襲撃にあい、父と妹を失う。その後、村を襲った武装勢力にだまされて少年兵となったザザは、上官である大人たちの指示にしたがい、人を殺《あや》めるようになる。そんなザザが変わるきっかけとなったのが、日本人のマンガ・シナリオライター神田との出会いだ。ザザに更生して欲しいと、命がけの

※1 原作・大石賢一、作画・石川森彦、監修・赤十字国際委員会。定価・本体１２００円＋税。学研プラス（旧学研パブリッシング）刊。

※2 アフリカ大陸中央部のコンゴ川流域に広がる共和制国家。人口６７８０万人（２０１２年）。首都キンシャサ。国土の広さはアルジェリアに次いでアフリカ大陸で２番目、世界で11番目。

初めての「ジャーナルコミック」発刊

マンガの持つ発信力やエンターテインメント性を生かし、社会問題や国際問題を分かりやすく伝える「ジャーナルコミック」。マンガ・シナリオライターの大石賢一氏が自らアフリカ・コンゴ民主共和国を取材して完成したのが「14歳の戦士ザザ」だ。

説得を繰り返す神田に、ザザの心は揺れ動く。生き残った家族との再会によって神田の真の思いを知ったザザは武器を置き、アフリカの再生のために働く決意をする。紛争地を舞台に、翻弄される子どもや女性の苦悩を描いたストーリーだ。

テーマは「少年兵」と「性暴力」。コンゴ民主共和国での入念な取材に基づき、現地で起きている人道危機を真正面から捉えた作品で、これまでにないジャーナリズムの新しい形を切り開いた作品として、コミック界だけでなくジャーナリズム界からも注目を集めている。

マンガの新しいマーケットをつくりたい

このマンガをプロデュースし、「ジャーナルコミック」という新しいカテゴリーにチャレンジしたのは、マンガのシナリオライターとして知られる大石賢一氏※3。石ノ森章太郎の「ＨＯＴＥＬ」や、はしもとみつおの「ＳＴＡＴＩＯＮ」など数々のヒット作を生みだしたマンガの原作者だ。丹念な取材に基づく、リアリティーにこだわったマンガを世に出してきた大石氏は、ジャーナリズムとマンガは共存できると考え、２０１４年11月、コンゴ民主共和国に直接取材に赴き、その鮮烈な体験を

※3
スパイス
コミニケーションズ
取締役会長
大石賢一

おおいし・けんいち
広告会社を経て独立。在籍時より多数のマンガ原作連載を手がける。１９８８年からスパイスコミニケーションズでマンガ原作執筆とプロデュースを担当し、マンガを使った制作物全般に携わる。代表作は『ＨＯＴＥＬ』『築地魚河岸三代目』など多数。

マンガのシナリオに仕上げた。

マンガのシナリオライターだけでなく、PR会社「スパイスコミニケーションズ」の会長でもある大石氏は、紛争地での「少年兵」と「性暴力」の実態をマンガという表現手段でより広く伝えたいと考える赤十字国際委員会（ICRC）※4の依頼で、「ジャーナルコミック」啓発を行うプロジェクトを引き受けたのだ。

自ら紛争地に赴いて、危険を冒してまで取材を重ね、「ジャーナルコミック」という新たなジャンルを築き上げた大石氏。活動の原動力には、赤十字国際委員会の活動に対する尊敬の念とマンガへの熱い思いがあった。

大石氏は長い間、マンガというコンテンツをPR領域で活用するための新たな可能性を追い求めていた。「マンガが市民権を得てきているので、新しい使い方がないかと、ここ十数年模索していました。企業の社史などをマンガにして、単行本にしたり雑誌に連載したりするなどの活動はしていたのですが、新たなマンガのマーケットをつくるといった意味で、新しい『発明』ができないかと考えていました」

新たな道を追い求めつつも、「これだ」というアイデアが生まれないなかで、ある出会いが大きな転機となる。2013年11月、経済産業省主催の「クールジャパン」※5イベントで講演した大石氏。新興国のマーケットを開拓する際に、マンガを活用したPR活動に大きな可能性があると訴えた。講演後、壇上から降りるとすぐに、

※4　戦争や武力紛争の犠牲を強いられた人々に対して人道的保護と支援をおこなう、公平にして中立、かつ独立した組織。本部はスイスのジュネーブにあり、約90カ国で1万3000人以上の職員が活動している。1949年のジュネーブ諸条約により、ICRCは武力紛争中に、捕虜を訪問すること、救援活動をおこなうこと、家族の再統合をはかることなどの人道的活動をおこなう永久的な権利を認められている。

※5　日本のポップカルチャーや伝統文化が海外で評価され人気を得ている現象。経済産業省はコンテンツ、ファッション、デザインなどの日本文化輸出の取り組みを「クールジャパン戦略」として積極的に進めている。

赤十字国際委員会のマンガプロジェクト立ち上げにかかわっていた人物から声をかけられたのだ。「**アフリカを取材してマンガを制作して欲しい**」という打診だった。

赤十字国際委員会との出会い

年が明けた２０１４年、大石氏は打ち合わせのため、赤十字国際委員会駐日事務所の会議室にいた。ここで、広報統括官の眞壁仁美氏[※6]に初めて会うことになる。この出会いが「ジャーナルコミック」が生まれる原点となった。

駐日事務所は２００９年2月に開設された。アジアで紛争が多発していることやアジアの国際的な影響力の高まりから、60年ぶりに日本に拠点を置くことになったという。日本に対する期待は高まっていると眞壁氏は言う。「赤十字国際委員会と日本赤十字社[※7]との大きな違いは、まず、私たちの活動は紛争地に特化していること。現場では、医療だけでなくあらゆる人道ニーズに対応しています。活動資金の出所も異なります。一般の寄付で成り立っている日本赤十字社に対して、赤十字国際委員会は、活動資金の90％以上をジュネーブ諸条約[※8]に加入している国々からいただいています。駐日事務所の開設にあたり、スイス・ジュネーブの本部が意図したとこ

※6
赤十字国際委員会（ICRC）駐日事務所広報統括官
眞壁仁美
まかべ・ひとみ
新聞記者、報道ディレクター、雑誌編集記者を経て、２００９年2月ICRC駐日事務所の開設とともに広報担当官に就任。12年から13年にかけて、南スーダンとフィリピン・ミンダナオ島に短期赴任し、人道支援の現場で自立支援事業や広報活動に従事した。13年1月から広報統括官。

ろは、戦後60年以上経ち、日本の国際社会における立ち位置に見合った人道的貢献を、私たちの組織を通して実現してもらいたいというものでした」

赤十字国際委員会が日本政府からの支援を受けるには、日本国民から広く支持される組織でなくてはならない。つまり、日本政府の積極的支援を喚起するには、組織の活動に対する国民の認知と理解、支援が必要なのだ。２００９年に事務所を開設した「もう一つの赤十字」は、多くの日本人にとって、「日本赤十字社の国際版？」程度の理解だっただろう。戦争や紛争を扱うという組織の性質上、日本人との接点があまりなく、世界の人道問題への関心もなかなか高まらない状況を打開したいと考えた駐日事務所は、一般への広報活動に力を入れていくことを決めた。

具体的にどう知らせていくか。それについても一筋縄ではいかなかった。「本来、一般からの寄付を募らない私たちの広報対象は政府やメディアなどで、大衆向けではありません。ところが、日本では一般の方たちに向けたＰＲ活動を展開しないと、なかなか現場の支援につながらないのです。このことは悩みでした」（眞壁氏）

日本人に向けて広報活動をおこなうのなら、「日本ならでは」の手法を取りたいと考えた眞壁氏。そこで、目をつけたのがマンガだった。当初駐日事務所が制作していた広報資料は、ジュネーブの本部が発行したものを日本語に翻訳しただけのもの。しかし、日本人に広く伝えて、世界の現状に関心を持ってもらうには、日本人

※7　世界１９０の国と地域に広がる赤十字社・赤新月社のネットワークのうちの１社。各国の赤十字社は、それぞれ現地のニーズに合った支援活動をおこなうことが特徴。

※8　戦時における傷病兵や捕虜、文民の保護をうたった4条約の総称。１８６４年に成立したジュネーブ条約を、２つの世界大戦の惨劇を教訓に１９４９年に改訂、４つの条約に発展させた。戦闘行為による被害を軽減、予防することを目的とし、赤十字条約とも呼ばれる。日本は１９５３年4月に加入。

が受け入れやすく、インパクトがあるものでなくてはならない。試行錯誤を重ねた上で行き着いたのが、**日本ならではのコンテンツ**だったのだ。

「私自身も『マンガで見る歴史』とか『マンガで見る偉人伝』で、難しい話のハードルをちょっと下げてもらって、知る機会を得た経験があるので、日本のソフトパワーを活用して世間の関心を煽りたいと思ったのです」

広報活動を日本のマンガでおこなう。これは150年以上の歴史がある赤十字国際委員会で初めてのことだった。

取材先は武装勢力が拠点を置く危険地帯

眞壁氏がマンガの舞台に選んだのはコンゴ民主共和国。長引く内戦の爪あとが深く残り、いまでも混乱が続いている。ルワンダや南スーダン、中央アフリカ共和国などと隣接し、長年複数の武装勢力による戦闘行為に悩まされている国だ。世界でもっとも危険な地域の一つとされている。このため、治安状況は最悪で、多くの女性や子どもが暴力の犠牲となっているのだ。眞壁氏はそんな場所だからこそ、舞台にしたいと考えた。今回、駐日事務所がジャーナルコミックを通して伝えたかった

◆ ICRCジュネーブ本部 ©ICRC

◆ ICRCの活動の舞台は紛争地。混迷のシリアでも最前線で人道支援を行う　©Pawel Krzysiek/ICRC

“人道主義”を掲げる赤十字国際委員会（ICRC）

「公平・中立・独立」を原則に、赤十字機関の中で最初にできた組織。戦時下に適用されるジュネーブ諸条約の守護者·番人として、戦闘により被害を受けた人々の命と尊厳を守ることがその使命。民間人の保護や生活の自立支援、緊急時に必要な食料・水・避難所の提供、離散家族の連絡回復・再会支援事業、戦争捕虜や被拘束者の訪問、戦傷外科やトラウマケアなど、その活動は幅広い。

のは、赤十字国際委員会の活動を通して見えてくる、女性や子どもといった弱者に対する**人道被害の現実**だったからだ。

　マンガのテーマと舞台が決まった。そんな時に出会ったのが大石氏だった。眞壁氏は、初めて会った時の印象を次のように語っている。「社会にもっと貢献する作品を手掛けたい、という大石さんに同じ志を感じ、この人なら！　と思いました。大石さんが手を挙げてくれたことは、すごくありがたかったです」

　一方の大石氏は、眞壁氏の第一印象について、とても熱心で「人道問題の解決を誰よりも願っている人だ」と感じたという。眞壁氏と話し、すぐに仕事を引き受けることを決断した。マンガを使ったPR戦略に共感したのはもちろんだが、何よりも眞壁氏の熱い思いに深い感銘を受けたという。

　特に印象的だったのは、「**赤十字は人の悲しみ**そのもの。本来なら、ないほうがいい」という眞壁氏の言葉だった。「返す言葉がありませんでした。こうしたスタッフの情熱や赤十字国際委員会の問題意識に触れ、日本においても赤十字国際委員会が高く評価されるべきであろうと考え、協力することを決意しました」（大石氏）

　大石氏と眞壁氏が出会ったことにより、マンガとジャーナリズムをかけ合わせた「ジャーナルコミック」の制作と、それを広報資源にするという新たな試みが始動した。「ジャーナルコミック」の制作プロデュースは大石氏が担当し、PR展開は

※9
スパイスコミニケーションズ
代表取締役社長
大石哲也
おおいし・てつや
PR会社の国内自動車メーカー担当を経て、1985年にスパイスコミニケーションズを設立。現在はグループ6社の経営にかかわる。「FACTと熱量で人を動かす」がモットー。日本パブリックリレーションズ協会役員のほか、NPO法人「mobility21」にも参画している。

大石氏が会長を務めるPR会社「スパイスコミニケーションズ」、コミックの監修はクライアントとなる赤十字国際委員会が担当。出版社も学研プラスに決めた。

実弟で「スパイスコミニケーションズ」社長の大石哲也氏[※9]は、こう振り返る。「紛争下での『性暴力』と『少年兵』というテーマを、日本ならではの方法、つまりマンガで啓発するというのが契約の内容でした。その実現には単純に名前を広めるのではなく、もっと大きな視点でのPRが必要です。我々はスパイスコミニケーションズ30周年のCSR事業[※10]として、様々な視点からPR展開を開始しました」

いよいよ始まった前代未聞のプロジェクトへの挑戦。しかし、その制作過程には多くの困難が立ちはだかっていた。出版までの道のりは、決して平坦なものではなかったのだ。

負傷者であるならゲリラ勢力側にも手を差し伸べる

コンゴ民主共和国を舞台にした「ジャーナルコミック」の原作を書くことになった大石賢一氏はまず、赤十字国際委員会の理念を理解することから始めた。そこで驚いたのが、この組織が考える「中立」、「人道」という概念の奥深さだ。

※10　企業の社会的責任（Corporate Social Responsibility）。企業は利益の追求だけでなく、経済社会の一員として責任を持って活動すべきという考え方。「法令順守」「消費者保護」「地球環境の保護」など多岐にわたる。

「赤十字国際委員会は、**公平で中立、かつ独立した組織**で、武力紛争およびその他暴力の伴う事態によって犠牲を強いられる人々の生命と尊厳を保護し、必要な援助を提供することをその人道的使命としています」（ウェブサイトより）

赤十字国際委員会は何よりも中立の精神を尊ぶ。戦地においても、「どちらが正義でどちらが悪か」といった判断はおこなわない。どこの政府であれ、ゲリラであれ、中立の立場で公平に付き合っていく。一方の言い分を聞いてしまえば、もう一方の被害者を救えなくなるからだ。傷ついている人がいれば、どちらでもかまわず、救いの手を差し伸べる。こうした中立の精神の下で、戦争や紛争による被害者を助ける主義、これが赤十字国際委員会の考える人道主義なのだ。

「これまで漠然と理解していたつもりの『中立』や『人道』は、実はすごく重みのある言葉だと気がつきました。この人道という概念の再確認から私の仕事はスタートしたのです」（大石氏）

赤十字の理念を胸に、いよいよ現地へ向かうことになった大石氏。まず障害となったのが、滞在時の安全確保の問題だ。取材地はコンゴ民主共和国の東部。外務省の渡航情報では、もっとも危険な地域のひとつとなっていて、「レベル4：退避してください。渡航は止めてください。」という退避勧告が出されている。米国のシンクタンクが毎年発表している「脆弱国家ランキング」[※11]でも上位の常連国で、治安

※11 米国のNGO「平和基金会」が、人口動態的圧力、貧困、経済的衰退、人権、政治的行き詰まりなど、社会、経済、政治に関する12の指標を基に、毎年作成・発表しているランキング。2014年に「失敗国家ランキング」から名称が変更された。

は非常に悪い。極め付きはエボラ出血熱だ。大石氏が取材に訪れた2014年秋ごろは、アフリカ西部を中心にエボラ出血熱が蔓延していた時期で、危険要素は治安だけではなかった。

「アフリカに入ったのは、ちょうどエボラが話題になっているときでした。黄熱病などと合わせて14本、3カ月にわたって予防注射を打ちました。治安状況も最悪で、現地入りする2カ月前にクーデターがあって、35人が殺害されたり、イスラム過激派が台頭したりと、悪い情報であふれていました。そうしたなかで、『万一のことが起きるかもしれない』という覚悟のようなものが生まれてきました」

武装勢力のトップに仁義を切りに行く

こうしてコンゴ民主共和国に入った大石氏。取材をおこなったのは、同国政府も関与していない、反政府武装勢力が制圧している地域で、地図にも載っていない、まさに無法地帯だった。赤十字国際委員会は、この地域で住民が必要としている物資を配布。野菜の種やバケツ、防水マットを配っている。

配布活動に同行した大石氏はまず、この地域を取り仕切っている武装勢力のトップを訪れ、赤十字国際委員会の活動を取材する目的で現地入りしたことを伝えた。事前に活動することを伝えておかないと、不審な外国人として、捕らえられたり殺害されたりする危険があるからだ。大石氏は、この時のことを「生涯忘れられない体験」として語っている。

「泣いてもわめいても帰れない。携帯も通じなければ、カードも意味がない。そんな場所で武装勢力のボスにあいさつに行きました。カラシニコフ銃を持っている集団のなかを歩いて向かうわけですが、本当に肝が冷えました。彼らは組織された軍隊でもない、ただの武装集団なので、気まぐれで人を殺害したとしても、警察が来るわけでもなく、国家が介入するわけでもありません。もし殺されたとしても、そのへんに放置されておしまいだったでしょう。緊張続きで本当に疲れました」

この時、トップとの面会までに数時間待たされた大石氏。その間に、衝撃的な光景を目にしたという。**銃を持った少年兵たち**が武装集団の施設を出入りしていた。まだ幼さが残る顔をした少年たちが、兵士となっている現実を目の当たりにしたのだ。「ボスを待っている間、少年兵が帰ってくるんですね。その少年たちに、スワヒリ語で『こんにちは』と声を掛けられたらしいんですけど、言葉が理解できなかったのでからかわれたんです。とても無邪気な笑顔が印象的でした」

コンゴ民主共和国で紛争地帯の現状を目の当たりに

大石賢一氏が滞在したのは、反政府武装勢力が制圧する、コンゴ政府も関与していない地域。住民が必要としている物資や食料を配布するICRC職員に同行しながら取材活動を進めた。

「人道」を重んじるがゆえのジレンマ

武装勢力の施設での経験から、少年兵についてより深い取材をしたいと考えた大石氏は、赤十字国際委員会が運営する少年兵の更生施設を訪れた。元少年兵を保護し、食事を与えてカウンセリングをおこない、社会的自立を促す。当初は荒々しく殺気立った状態の少年も徐々に人間性を取り戻していくという。

ここで取材を始めるが、すぐに大きな壁が立ちはだかる。子どもたちに、少年兵時代の経験を質問することが許されなかったのだ。子どもたちは心に深い傷を抱えているため、過去の辛い記憶を呼び起こすような質問を投げかけることは、人道上許されないというのが、赤十字国際委員会の見解だった。

「『初めて人を殺した時どう思いましたか』、『過去とどう向き合っていますか』などの質問を用意したのですが、そういうことは一切聞いてはいけないと釘を刺されました。少年のトラウマをやわらげて、人間らしい生活が送れるようにカウンセリングしているところに、わざわざ辛い記憶を呼び起こして、台無しにしてはならないというのが彼らの言い分です。返す言葉が見つかりませんでした」

レイプの被害にあった女性の取材も同様だった。直接話を聞く機会を得ても、残酷な記憶を持った被害者たちに、当時のことを質問することは許されなかった。

「人道問題を伝えるために現地へ行ったのに、その人道が壁になって思うように取材が進まないというジレンマがあったのです」大石氏はその後、被害者たちが心を許している心理カウンセラーに質問を委託し、なんとか取材を成し遂げた。

様々な困難に見舞われながらも、コンゴ民主共和国での取材を無事に終えた大石氏。日本に戻ってからしばらくの間は、現地での鮮烈な体験からのショックで何も手をつけることができず、茫然自失とした日々を送った。そして1カ月間、頭の整理をした後、マンガ制作への衝動が心の底から湧き上がってくるのを感じた。

「いまから書くものは、これまでのマンガとは違う。その自問に答えられる日が来たと、私は確信しました。私がいまつくっているのは、誰も手をつけたことがない『ジャーナルコミック』と呼ばれるべきものであると」

そこからは何かに取り憑かれたかのように制作意欲が湧き、猛烈な勢いでマンガのシナリオを書き進めた。

「目立ちたくない」クライアント

しかし、制作段階でも数々の困難があった。大石氏ら制作・PR側と眞壁氏らクライアント側が一堂に会し、マンガの方向性などについて何度も打ち合わせがおこなわれたが、たびたび意見が衝突したという。「スパイスコミニケーションズ」の大石哲也社長は、もっとも紛糾したのは、「作品中での赤十字国際委員会の扱い」についてだったと振り返る。

「赤十字国際委員会の理念と活動に感銘を受けたからこそ、この仕事を引き受け、CSR事業として積極的にPRを展開したいと考えました。ただ、今回は赤十字国際委員会を目立たせるのではなく、人道被害の深刻さを伝えるのがそもそものテーマです。そこで我々はマンガを取り上げ、『こんなマンガができましたよ』というだけのPRではなく、人道被害に対する気づきを喚起するキャンペーンの実施を決定したのです。その期間は8月19日の『世界人道デー』からとし、一応の終了を12月10日の『世界人権デー』までとしました。そのなかの話題性のピークとして、マンガの出版を位置づけたのです。そうすることで、それ以前の現地取材や事後報道、そして出版後のイベント参加に、一貫したストーリー性を持たせたのです」

大石哲也社長がそうした戦略に至ったのは、赤十字国際委員会という組織の特性と、眞壁氏の熱い思いがあったようだ。

「これは組織のポリシーなんです。人の悲しみ、苦しみがあるから赤十字がそこにいるわけです。そういう組織が自分たちを宣伝することを私たちは良しとしません。私たちが光を当てるべきは紛争地で苦しんでいる人々だからです。このマンガはとても良い作品なので、赤十字の宣伝と思って欲しくありませんでした。そこで、『赤十字色』を弱めるというところを何度も議論したのです」(眞壁氏)

フィクションとノンフィクションの使い分けにも苦労したという。本来ジャーナリズムとは、事実のみに基づいておこなわれる。一方、「ジャーナルコミック」は、ただのジャーナリズムとは違う。コミックとの融合だ。そこにはエンターテインメント性がないと成立しないと制作の大石賢一氏は考える。「事実とエンターテインメントのブレンド具合を意識しました。ジャーナリズムは、取材で得た事実に基づいて問題提起しますが、マンガはその性質上、多少のエンターテインメントを混在させる必要があるのです」(大石氏)

細部にわたるジュネーブとの折衝

もっとも苦労したのが登場人物の設定だった。新聞記者を語り役として、紛争地の現実を新聞記者の目線で語ろうという案になったが、新聞記者が紛争地で取材するのは、プロの仕事として当然のことであって、読者の共感も得にくく、ストーリーとしてもおもしろくならないとの考えに至った。試行錯誤の末に生まれた主人公が、失敗を重ねながらも成長していくマンガ・シナリオライターだった。

「今回のマンガの根底に流れるものは、主人公ザザと語り役神田のやりとりと心境の変化です。どういう主人公を通して現地の悲惨な状況を伝えるのか、どういう登場人物がクライアントのメッセージを伝えることができるのか、どういう主人公にエンターテインメント性があるのか、色々と考えました」（大石氏）

赤十字国際委員会のジュネーブ本部とのやり取りにも思わぬ困難があった。コミックの監修は赤十字国際委員会が担っているため、最終的には本部が内容を確認し、出版へのゴーサインを出す。この過程で、侃々諤々《かんかんがくがく》の議論があったのだ。

もっとも意見がすれ違ったのが、実在の人物や組織、国名をどこまで出すかというもの。ジュネーブ本部としては、現場で働いている職員へのリスクや今後の活動への支障に鑑みて、人や場所を特定できないよう配慮したい。一方の大石氏と眞壁氏は、「ジャーナル」という名の下で出版する以上、できるだけ細部にこだわりリアリティーを出したいと考えていた。「ある程度具体的な情報を出さないと、『ジャーナルコミック』にはなりません。ジュネーブの本部から**『国名は出すな』**と言われた時は、『そこは絶対に譲れない、国名だけは出したい』と訴えました。結局、日本語版のみ実名を出してもＯＫということになりました」（眞壁氏）

武器の描写も議論になった。手榴弾や拳銃の形状から種類が分かってしまえば、どの国でつくられたものか特定されてしまうため、細かい描写は避けて欲しいとのリクエストが本部からあったのだ。たとえば、カラシニコフひとつをとっても、ロシア製の本物なのか、中国製の偽物なのかが分かってしまう。ロシア製の本物と分かるよう忠実に描写した場合は、紛争に武器を供与しているのはロシアと言っているのと同じことになるからだ。「私たちの仕事は、紛争当事者の戦法や関係国の関与を明らかにして、正義や戦いの正当性を説くことではありません。そうしたことは国連をはじめとした国際社会に委ねて、赤十字の役割は、ただ純粋に助けを必要としている人たちに手を差し伸べること、戦闘に巻き込まれてはならない人たちを守ること。それだけなのです」(眞壁氏)

NHK「国際報道」などで紹介

こうしてでき上がった「14歳の兵士 ザザ」。戦後70年にあたる2015年の10月1日に発売された。日本人がイメージしにくいアフリカの現実を、マンガという媒体を通すことによって分かりやすく伝えているとの評判で、これまでになかった「ジャーナルコミック」という「もの珍しさ」とも相まって、大きな反響が寄せられた。

「さまざまな方面から感想が寄せられています。マンガを読んで初めてこんな赤十字もあるんだと知ったとか、中立の理念に感動したとか言ってくださっています。マンガでは『赤十字色』をできるだけ薄めたつもりですが、前に出さなかったからこそ、私たちの理念がきちんと伝わったのかもしれません。本当にうれしく思います」（眞壁氏）

こうした反響の原動力となっているのが、スパイスコミニケーションズによるPR活動だ。活動の中心となったのは、社長の大石哲也氏とクリエイティブ・ディレクターの佐藤裕志氏[※12]。「MANGA×ひとのチカラキャンペーン」と題した取り組みで、できるだけ多くの読者に情報を届けるためのアプローチを展開した。

「まずは、どういった情報をインプットされた読者が『14歳の兵士 ザザ』を手にするのかというところから、逆算して考えました。本来的なPR活動でパブリシティを獲得する一方、何かの情報に接触した方が次にどのように行動するかを念頭に、コンテンツ制作とツール選択の最適化をおこないました。テレビや新聞、雑誌で気になる情報やキーワードを見つけた人はウェブで検索を実行します。その欲求の受け皿としてキャンペーンサイトやランディングページを開設するのは当然ですが、そこに掲載する情報は『14歳の兵士 ザザ』の本編やパブリシティ情報を補完

※12
スパイス
コミニケーションズ
コミュニケーション・
デザイン本部
クリエイティブ・
ディレクター

佐藤裕志

さとう・ひろし
ネコ・パブリッシングを経て、2006年スパイスコミニケーションズ入社。アパレルから出版社まで、あらゆる領域のPRを手がける。既存メディアだけでなく、広報と広告が混同されてしまいがちなウェブ施策の取捨選択も重要な業務のひとつ。スニーカーのムック本の編集にも携わる。

するものを優先しました。来日したペーター・マウラー赤十字国際委員会総裁の記者会見の様子や、コンゴ民主共和国の取材体験記など、普段は目にする機会が少ない舞台裏のストーリーは特に優先して掲載すべきコンテンツと位置づけています」（佐藤氏）

またキャンペーンサイトと連動して、イベントスペースなどにキャンペーンコーナーを設置した。主人公の等身大パネルや「動く静止画」といわれる「画ニメ」を設置するなどのPR活動を展開。多くの人たちが足を止めて、マンガに関心を示したという。さらに夏のイベント会場向けに、キャンペーンサイトのQRコードを印刷したミネラルウォーターを制作・配布している。PR会社のコア業務であるメディアリレーションズでは、国際報道を取り扱うNHKの番組**「国際報道2015」**のほか、世界に向けて英語で情報発信する「**NHKワールド**」で取り上げられたのだ。番組では、大石氏の現地取材の様子とともに「14歳の兵士 ザザ」が紹介された。

「今回のクライアントは赤十字国際委員会で、PRのテーマはあくまでアフリカの深刻な人道被害を訴えること。これを履き違えるとPRの意義が薄まるだけでなく、クライアントに対するネガティブな空気を生みだしかねないリスクも抱えていました。そのため、プロジェクトにかかわったスタッフの間で、活動がPRテーマに沿っているかを常に確認し合っていました。実際に獲得したパブリシティは、マンガの制作現場が中心に取り上げられたケースがほとんどです。クライアントの名前は取材協力といった程度の露出もありました。一般的な製品・サービスのPRでは失敗例になりかねない結果ですが、今回に限っては望まれる形に落とし込めたのではないかと考えています。今回のプロジェクトを通し、作品を手にしていただいた読者の頭の片隅に、アフリカの子どもたちの笑顔が暴力にさらされることがあってはならないという思いが残り、そのことについて考えるきっかけになってくれたのなら成功だと思っています。その延長として、赤十字国際委員会に対する興味が深まれば理想的ですね」（佐藤氏）

こうした思いでおこなわれたPR活動が新たな動きにつながっている。待ちに待った駐日事務所発行のマンガを、ジュネーブ本部が主導し、翻訳を手がけ始めたのだ。まずは英語版とフランス語版を制作。加えてタイや中国など、日本のマンガが人気を博すアジアの事務所からも、翻訳版を作りたいとのオファーがあるというのだ。まさに、「14歳の兵士 ザザ」はいま、世界中に広がり始めようとしている。

「**広告はフィクション、PRはノンフィクション**。FACT（事実）情報にいかにスパイスを効かせて情報デザインをおこなうか。それは世界共通のPR概念だと考えています。その概念のもと、ストーリーを創出した今回のプロジェクトは、クライアントのインターナルコミュニケーション[※13]としても大きな成果を上げていたの

※13 社内コミュニケーションともいう。社内報、社員公聴会など、円滑なインターナル・コミュニケーションによって、「職場の連帯感と相互信頼」「社員への企業理念の浸透、共通認識と価値観の醸成」「社員の活性化」などの成果が期待できる。

です」（大石哲也社長）

紆余曲折を経ながらも、「ジャーナルコミック」という新たなアプローチ方法を確立した大石氏。今後も次なる作品を世に出していきたいと意気込んでいる。

「人道的なものだけでなく、政治・経済や社会問題など、なんでもマンガになります。一度マンガにしてしまえば、多言語に翻訳して世界中の人に読んでもらえる。これは新しいジャーナリズムのカタチだと思います。今後は、今回の主人公が、赤十字国際委員会の専属キャラクターとして活躍してくれるといいですね。ジャーナルコミックは、ジャーナリズムにもPRにも新たな可能性をもたらしてくれるものなのです」（大石賢一氏）

眞壁氏もそれに応える。

「大石さんは毎週、打ち合わせのために駐日事務所にいらしていたのですが、それをスタッフがとても楽しみにしていたんです。毎回、議論が白熱する上に、私たちふたりとも声が大きくて、内容が筒抜けなんですよね。『おお、また戦っている』って。良いものをつくろうとみんなが同じ方向に向かって取り組んでいるので、**真剣だからこそぶつかるんです**。打ち合わせは、だいたい4、5時間続きました。ヘトヘトになりますけど、振り返るととても楽しかったです。終わってしまって、すごく寂しいんですよ。早く次の挑戦をしたいと思っています」（眞壁氏）

おわりに

ここ数年、パブリックリレーションズ（ＰＲ）に対する企業や団体の期待値が大きく変化してきています。「戦略ＰＲ」という概念が一般化したのは、２００９年のことでした。広告だけでは生活者の興味や関心を獲得するのが難しいという認識が一般的となり、企業経営者が当たり前のように「ＰＲ」という言葉を口にするようになりました。さらに、ソーシャルメディアの普及が情報流通構造を大きく変え、生活者との双方向コミュニケーションが容易になりました。今ではＰＲは企業経営における重要な要素として注目を集めているといっても過言ではありません。われわれＰＲパーソンに対する期待の高まりを実感しています。

本書は単なるＰＲの事例集ではありません。ＰＲ活動の発信主体である企業や団体と、ＰＲ活動の実施企業であるＰＲ会社の双方の実務担当者が登場しています。クライアント企業や団体が、発注先企業であるＰＲ会社との間で、どのようなやり取りを経て高い活動成果に導いたか。両者へのインタビューを通じて浮き彫りにすることを意図して編集されています。表層的な成功事例集としてではなく、むしろ

〝生みの苦しみ〟を読者に提示することで、ＰＲの醍醐味とおもしろさを実感していただくことができれば幸いです。

ＰＲにマニュアルはありません。ＰＲの考え方や手法は常に進化を続けています。案件ごとに異なる課題設定から、実現可能な企画を練り成果へと導いていくことに汗をかく。これこそがＰＲです。

企業や団体が有する事実情報を紡ぎ、情報を伝えたい各層の嗜好性やライフスタイルに沿ったストーリーを創出する。人通りの多い交差点に目立つ看板を立てて終わりではなく、情報に接触した人々が、その後にどのような行動をとるか。そこまで知恵を働かせて、はじめてＰＲ活動と言えるのです。ＰＲの到達目標は生活者の態度変容（Ｂｅｈａｖｉｏｒ Ｃｈａｎｇｅ）を目指すべきだと考えています。本書に収録されている成功事例を通じ、ＰＲの本質と活用方法を探っていただけると、将来のＰＲ活動のヒントが得られるものと信じています。われわれは公益に資するＰＲを目指したいと考えています。

「広報の仕掛け人たち」編集プロジェクトチーム

公益社団法人
日本パブリックリレーションズ協会

1980年設立。広報・PRに関する研究、教育、啓発などをおこなっている。企業や団体、教育機関などの広報部門関係者とPR会社、PR関連会社に所属する個人、有識者など約550人による会員組織。2007年には「PRプランナー認定資格制度」をスタートし、延べ2000人にのぼる「公認PRプランナー」を輩出している。
また年に一度、優れたPR活動を顕彰する「PRアワードグランプリ」、PR視点から貢献の大きい人や企業・団体を顕彰する「日本PR大賞パーソン・オブ・ザ・イヤー」「日本PR大賞シチズン・オブ・ザ・イヤー」を決定、表彰している。

連絡先　tel 03-5413-6760（代表）
　　　　www.prsj.or.jp　e-mail info@prsj.or.jp

広報の仕掛け人たち

PRのプロフェッショナルはどう動いたか

2016年3月10日　初版第1刷発行
2018年1月10日　第2刷発行

編　著　公益社団法人
　　　　日本パブリックリレーションズ協会

発行者　東 英弥

発行所　株式会社宣伝会議
　　　　http://www.sendenkaigi.com
　　　　〒107-8550 東京都港区南青山3-11-13
　　　　tel 03-3475-7670（販売）

装丁・本文デザイン　株式会社Hd LAB.
印刷・製本　中央精版印刷株式会社

ISBN978-4-88335-350-7 C2063